日本京大高材生的知識整理術

超效率學習法

pha——著　賴郁婷——譯

人生にゆとりを生み出す
知の整理術

本書只傳達一個重點：

「比起認真、拚命努力的人，不自覺地樂在其中的人更厲害。」

就是這樣。

前言——不自覺地樂在其中的人最厲害

我從小就幾乎不曾為任何事付出過努力。

我自認為比他人更沒有耐心和體力。每當大家一起做事的時候，我總是最先偷懶、喊著「我累了」、「不想動了」的那個人。

我一點也不勤勞，也沒有辦法在固定時間起床，房間凌亂不堪，平常只要稍微動一下，就馬上想躺平休息。

但是，這樣的我，人生走到現在，不但應屆考上京都大學，出社會辭掉工作後還能成為人氣部落客，甚至在五年內出版了五本著作，創業合租公寓「Geek House」到現在也已經十年了。所有事情就這樣莫名地順遂發展。

之所以能夠有這般成績，我想應該是因為**「我比別人沒有耐性，所以知道如何避開辛苦地做好事情」**。除此之外，另一個原因是我恰巧很早就「領會快樂學習的方法」。

在本書當中，我想分享給各位我自己平時常用的「無須努力的自然學習法」，讓更多人可以活得更自由輕鬆。

所謂學習，就是針對知識做整理，使它成為自己的東西。

而且，只要擁有學習能力，無論到了幾歲，或是在任何情況下，人生都能走得更加順遂。

「知識可以改變人生」。

這句話的意思不光只是「努力念書就能考上好大學」，或是「考取證照就能增加收入」等。

針對知識進行研究、學習並活用的技巧，已經是人生每個階段都用得上的必要能力。

人生中很多時候，只要具備知識，就能避免不幸發生。然而，這世上卻有許多人只因為恰巧不懂，所以吃盡了苦頭。

事實上，這個社會雖然有許多為有困難的人提供協助的制度，但很多時候，只有自己主動搜尋、發現這些制度的人，才有辦法獲得協助。

找不到工作的人、有職場問題的人、有家庭問題的人、有育兒問題的人、有貸款問題的人……

其實只要稍微搜尋一下，找到相關的資訊和知識，就能發現解決自己處境的方法，或是知道自己的人生還有其他的選擇。不過，令人意外的是，許多人卻都是在無知的情況下，忍受著痛苦。

無論是養成平常在不自覺中吸收知識和資訊的習慣；遇到問題時會主動試著找答案；不瞭解的時候，知道可以在哪裡如何找到答案。**這種「不排斥學習」的心態，可以讓人生有截然不同的改變**。

因此，為了讓更多人的人生可以更輕鬆，我希望透過本書盡可能傳達一個觀念，那就是學習不僅沒有那麼困難，而且還是一件快樂的事。

首先，在面對一項新的學習時，我認為有以下三個重點：

重點1 透過「習慣的力量」去做

重點2 透過「遊戲的態度」去做

重點3 只做「快樂的事」

這是接下來在進入說明學習方法之前，非常重要的三大前提。

就讓我為各位一一來介紹。

重點1

透過「習慣的力量」去做

人類最大的敵人就是「嫌麻煩」

首先針對第一個重點「習慣的力量」。

無論是念書、工作或是做任何事情，與其拿出耐心努力不懈，更重要的是利用習慣或環境的力量，讓自己在不必強迫、自然而然的情況下持之以恆。**愈是能做到這一點的人，愈懂得養成習慣或營造環境，讓自己不用努力，許多事情就能順利發展。**勉強自己努力去做，以長期來看，都無法持之以恆。

結果到頭來，比起努力的人，反而是「不自覺地」「樂在其中」的人能夠撐到最後。

不過，偶爾也有人拚命努力撐到最後而獲得成功。只不過，這些人是特殊的例外。他們有「努力被虐狂」的癖好，對辛苦努力本身有所偏好。一般人就算要仿傚，最後也只會因為痛苦而放棄。

對於一般人，最好還是尋求不必勉強就能自然而然持之以恆的方法。

然而，對人類來說，要改變平常下意識的習慣相當困難。

在古谷實原的漫畫《青山綠水好自在》（グリーンヒル）當中提到一句話：

「人類最大的敵人，就是『嫌麻煩』。」

「嫌麻煩」、「惰性」等，維持這些過去養成的習慣就這樣一直不斷持續發生的慣性，其實是一種十分強大的力量。念書也好、減肥也好，做什麼事都無法持之以恆的最大原因，大概都是因為慣性這傢伙的緣故。

有自制力又認真努力的人，世上只有極少數。包含我在內的大多數人，其實都是懶惰又怕麻煩、沒耐性等沒有用的人。所以不管做什麼，幾乎都會因為麻煩而放棄。

不過，習慣可以改變。而且一旦改變，平時就算不特別努力，也能不自覺地持續下去。

雖然這麼說不太好意思，但我從小就一直不喜歡洗澡，所以要不就乾脆不洗，要不就是洗了也是隨便洗洗而已。

不過，自從離開家裡自己一個人住之後，我就養成了洗澡的習慣。從此之後，現在只要一天不洗澡，就會覺得身體怪怪的。

學習也像洗澡一樣，只要養成習慣，接下來不費吹灰之力就能自然而然地做到了。

營造「不自覺」的環境

人的行為和習慣，會深深受到周遭環境的影響。

所謂環境，以念書為例，雖然也包括「住家及住家附近是否有可以專心念書的場所」等實際的環境，但更重要的是「身邊的人」。

如果身邊有很多認真念書的人，每天看著這些人，自己也會在不知不覺中產生「我也要念書才行」的念頭。雖然覺得自己完全不會念書，但那只是因為跟身邊的人相比，如果以一般人的標準來看，根本就是很會念書。

相反的，如果身邊都是無所事事的人，自己也會覺得像大家這樣很正常，因此變得什麼事都不做了。

身邊有很多人運動，自己也會想稍微動一動；身邊有很多人喜歡音樂，很自然地自己也會跟著開始聽音樂。

人類的行為有很大一部分，都是受到身邊的他人影響。

我很喜歡一句諺語叫作**「佛門前的小孩不學習也會唸經」**（門前の小僧習わぬ経を読む）。

這句話的意思是，家住寺廟前的小孩雖然沒有特別學習，但自然就能背出每天聽到的經文。也就是耳濡目染的意思。

面對學習時，與其拚命努力地學，我希望各位可以盡可能以這「佛門前的小孩」的方式為目標，讓自己在不知不覺中學會。

有錢人的孩子也會是有錢人

在社會學裡有個概念叫作「**文化資本**」（cultural capital）。一直以來大家都知道一個事實：「有錢人家的孩子，長大後也容易擁有財富；窮苦人家的孩子，長大後也容易成為貧窮階級。」這於是衍生出「人生是否生來就不平等？」的問題。

究竟為什麼有錢人家的孩子也容易成為有錢人呢？其中一個原因是很單純地「因為可以繼承遺產」。除此之外，「因為可以投注較多的金錢在教育上」也是一大主因。

不過，父母可以留給孩子的除了財富以外，還有文化和習慣等看不見的東西。**這些周遭環境在文化上的影響，將會左右孩子的人生發展。這就是所謂「文化資本」的概念。**

舉例來說，父母有閱讀的習慣，孩子也會耳濡目染養成看書的習慣。或者，如果父母、親戚等每個人都擁有大學學歷，小孩也會從小就視念大學為理所當然，自然而然地以考上大學為目標。

這些就是文化資本。

因此，到頭來在這個社會上，成長環境會不知不覺養成一個人的習慣和人生觀，在良好環境下長大的人，很自然地也會更容易為自己創造出良好的環境。

這是非常不公平的一件事，因為人無法選擇自己的出身家庭。

不過，**人可以靠自己的意志改變生活。**

只要清楚知道自己的改變方向，讓自己置身於可以影響自己朝改變方向前進的人事物當中，不知不覺就能自然而然地朝理想更近一步。

德蕾莎修女曾說過以下一段話：

請注意你的思考，因爲你的思考終會成爲你的語言；
請注意你的語言，因爲你的語言終會成爲你的行爲；
請注意你的行爲，因爲你的行爲終會成爲你的習慣；
請注意你的習慣，因爲你的習慣終會成爲你的個性；
請注意你的個性，因爲你的個性終會成爲你的命運。

平時不自覺中表現出來的言行，每天一點一滴累積，長時間下來將會左右自己的人生。

不過，這些微不足道的日常言行，都可以靠自己的意志去改變。

也就是說，人生是可以靠自己的力量去改變的。

重點2

透過「遊戲的態度」去做

人生是自由度最高的一場遊戲

接下來是第二個重點「遊戲的態度」。

本書在一開始曾提到「不自覺地樂在其中的人最厲害」。但是，很多人可能會覺得「樂在學習很難」。

不過，如果想像成是遊戲，大概不管做什麼都會覺得很快樂。

念書是一場遊戲，工作也是一場遊戲。考試成績和排名、薪水、業績等，就是遊戲的分數。

就連人生當然也是一場遊戲。**人生是一場全世界規模最大、想做什麼就能做什麼、自由度最高的超開放式遊戲，因此玩家可以盡情地樂在其中，否則就是自己的損失。**

再說，什麼是遊戲、什麼不是遊戲，這之間的區別本來就很模糊。

例如，我很喜歡一步一步打造城市之類的經營模擬電玩。每次玩這類型的電玩時，我都會覺得「這根本就是工作啊……」。

在遊戲中打造城鎮首先要雇用伐木工來砍樹，將砍下的樹木當成木材蓋房子。蓋完房子之後要開墾田地種植小麥，小麥採收後拿到研磨廠磨成麵粉，再到溪邊取水，至麵包店以水和麵粉烤成麵包。

為了讓這一連串的作業進行得更流暢，遊戲中必須不斷調整各項材料的產量，並且調配人物或物品的動線。做著做著，感覺真的很像是在工作。雖然很開心沒錯。

到頭來，無論是什麼工作，都能靠著轉變態度，用遊戲的心情來面對。而不論是什麼遊戲，也會因爲感到麻煩，變成討厭的工作。

話雖如此，但是真正的工作和學習，應該還是有更多討厭和痛苦的地方。

為什麼呢？

要把事情當成遊戲樂在其中，必須具備兩項要素，也就是「從容感」和「成就感」。很多時候之所以做不到，都是因為缺少了這兩項要素。

從「超越的觀點」去看

首先，要想樂在其中，「從容感」很重要。

人在充滿情緒的時候，根本沒有多餘的心力去樂在其中。要想樂在其中，必須從退一步的角度，冷靜看待狀況。

每當遲遲無法從容面對時，我都會把自己想像成是外星人或來自未來的人類。

我想像自己來自比現今地球更先進的外太空或是未來，只是為了打發時間，所以正透過虛擬實境，想像體驗二十一世紀人類的生活。

當人生遭逢困境時，同樣也可以用遊戲的感覺去思考，例如「這真是一場硬仗。到底要怎麼做才能盡可能減少傷害」。

就算遇到令人憤怒的對象，只要想到「喔，二十一世紀的地球竟然還有這種蠻橫的AI機器人！當時的人可真是辛苦啊」，就能稍微不和對方計較了。

透過用這種超越的角度面對現況，多少會比較輕鬆，可以用遊戲的態度去冷靜分析狀況。

或者，可以想像成**「我早在兩年前的某一天就已經死了，現在的我只是加分關裡的靈魂而已」**，同樣也很有用。把自己想像成是死人，就沒有什麼好怕的了。

把工作和學習當成遊戲來樂在其中的另一個要素，是「成就感」。

坊間所有熱銷的電玩遊戲，為了要讓玩家不厭煩地一玩再玩，遊戲開發者會安排許多小設計來增加遊戲的趣味性。

例如：

- **利用適當的音效增加遊戲的快感。**
- **用點數或成績徽章來表示進度和完成度，不斷地給予玩家適當的成就感。**
- **利用登入禮等方式，讓玩家每天持續玩就能獲得好處。**
- **透過競賽的方式煽動玩家的競爭心態。**

因為這些巧妙的設計，讓人不自覺地每天沉迷於電玩遊戲之中。

然而，學習卻不具備這種設計。

所以，這時候就必須為自己創造獲得成就感和快感的設計，例如**「達成某個階段就犒賞一下自己」**，或是**「做完該做的部分就將清單撕掉」**等。

重點3

只做「快樂的事」

「必要時的必要知識」最甜美

最後是第三個重點「只做快樂的事」。

基本上，學習只要挑自己覺得開心快樂的去做就好。不僅是學習，幾乎做任何事都可以這麼說。

假使許久沒吃蔬菜，人會變得非常想吃蔬菜。這時候只要吃到蔬菜，就會覺得非常美味。就像口乾舌燥時喝到的水會感覺特別甜美一樣。

人的身體構造，對於自己必要的東西會感到美味而開心。

對知識也是一樣。獲得當下對自己真正必要的知識，是一件非常快樂的事。如果覺得學得不開心，很有可能那項知識對自己來說並非必要。

分明不是自己真正需要的東西，只是「因為別人叫我去做」，或是「因為大家都這麼做」，所以才做。

這種學習不做也罷。只要學自己真正覺得開心、真的想瞭解的東西就好。

……從某方面來說是這樣沒錯。不過，如果只挑自己開心的事去做，而且做得有聲有色，每個人都不會感到辛苦。這也是事實。

「只要專心在自己開心的事情上，就能成就許多美好的結果。」這只是一種理想，而現實並不會完全照理想發展。

因此最重要的是，記住這種理想狀態的感覺，以此為目標，即便現實不如理想進行，也能有想辦法克服的能力。

事實上，要想對事物的研究瞭解感到樂在其中，「習慣的必要性」是一大問題。

學習雖然是一項快樂的興趣，但是在領會到其中樂趣之前，必須先經過訓練和養成習慣，可以說是一項難度稍高的興趣。

義務教育的意義比起教授的內容，其實是**「讓孩子學會學習的『形式』」**。

就像打棒球一開始要不斷練習基本形式和動作來學會基礎一樣，念書也要學會坐在桌子前使用筆記本和筆（或電腦等工具）等基本形式。

總之就是先習慣「看書」和「搜集資料研究」，讓身體熟悉樂在其中的感覺。

搜集研究的內容不拘，可以選擇自己感興趣、做起來不覺得苦的主題。例如「電玩遊戲攻略」、「棒球選手的成績」，或是「咖哩的作法」、「牽牛花的栽種方法」等，任何內容都可以。

也就是針對某個主題搜集研究，將心得用自己的方式整理成筆記，接著再進一步實際活用。最後，讓自己習慣這一連串的作業方式。這就是樂在學習的第一步。

複製「他人樂在其中的大腦」

雖然說習慣之後就能樂在其中，但這個世上有非常多人，必須花許多時間才有辦法對學習感到快樂。

我很喜歡聽音樂，但對於不常接觸的音樂類型（例如古典樂等），乍聽之下完全不知道哪裡好聽。就算聽再多，每一首聽起來感覺都一樣。

不過，**即便不懂還是一直聽，久了之後耳朵會漸漸習慣，慢慢就能體會其中樂趣了。**

我最近因為看了介紹桑拿浴的漫畫《桑道》（マンガ サ道），因此迷上了桑拿浴。

過去我一直以為桑拿浴又熱又難受，只是一種苦行，完全不懂哪裡好。甚至認為洗桑拿浴的人「全都是受虐狂」。

不過，看了這套漫畫之後，發現作者和我一樣，過去也認為桑拿浴只是一種苦行。但是就在某一天，他突然發現桑拿浴的美好，頓時變得痴迷。

看到這裡，我半信半疑地也興起再次嘗試的念頭。一試之下，雖然一開始很難受，但忍著痛苦繼續嘗試，最後果真感受到書中提到的那股暢快感。從那之後，我也頓時迷上了桑拿浴。

幾次嘗試之後，我漸漸習慣桑拿浴的高溫和那種喘不過氣的感覺，也習慣了冷水澡的冰冷。與其說是難受，我反而覺得愈來愈舒服。這是因為泡桑拿浴會不斷刺激大腦感受快感的神經迴路，使大腦變得更容易產生快感。

很多東西在感到樂趣之前，必須先鍛鍊大腦，使大腦習慣。不過，**愈是得花時間才能感受到樂趣的事物，一旦產生迷戀，感受到的樂趣也會更加深刻。**桑拿浴便是如此。學習也是其中之一。

就像我透過體驗型漫畫迷上桑拿浴一樣，各位在一開始可以先試著仿傚對該事物樂在其中的人。

人的大腦有一種叫作**「鏡像神經元」**的神經迴路，據說會促使人對他人的行為產生模仿或認同。也就是對於他人的言行舉止，可以透過大腦鏡像神經元的作用，經由模仿獲得相同的感覺。這種鏡像神經元的運用，對學習來說非常重要。

各位不妨先觀察他人對事物樂在其中的模樣，就算不懂，也要試著模仿去做。久而久之就會習慣，漸漸瞭解樂在其中的訣竅。

可以的話，當然是直接接觸最瞭解該事物的人，觀察對方的言行，效果最好。不過，**透過看書等學習他人的想法，在某種程度上也能達到模仿的效果。**

我在本書中也會介紹自己樂在學習的方法，希望可以將這種感覺傳達給更多人。

接下來，在本書中，我會以上述「習慣的力量」、「遊戲的態度」和「只做快樂的事」等三大重點為基礎，為各位說明輕鬆學習的方法。

學習這種興趣的好處，在於可以一輩子樂在其中，並且對自己的人生提供幫助。

學習有助於工作，還能增加收入。在遭遇人生問題時，也可以透過閱讀或搜集研究找到解決的方法。

就算沒有錢，只要具備樂於學習的能力，就能透過上圖書館或上網來打發時間。等到將來體力和年輕不再時，學習一樣可以成為非常好的興趣，就像很多老人家都會到文化學校上課或學習才藝一樣。

培養學習的方法要愈早愈好，但無論幾歲開始都不嫌晚。

就讓我們一起樂在學習吧！

序章 知識整理術的4大方法

第1章

整理資訊的輸入技巧

第 2 章

整理思緒的輸出技巧

第3章

打敗惰性的提升幹勁與進度安排的技巧

附錄

知識漫畫指南 ── 235

序章

知識整理術的
4大方法

CHAPTER0

方法1

類比比數位更好

善用「五感」

資訊分為數位和類比兩種。

數位資訊指的是像「0、1、2……」等一個一個數字獨立分開的東西，而類比資訊則是類似「0和1、1和2之間存在無數漸進式的變化、沒有明確界線」的東西。

最容易理解的例子就是時鐘。數位時鐘是一個一個數字變化增加，但類比時鐘（指針式時鐘）則是從0到1、從1到2地慢慢前進移動。

如果只是想知道現在的時間，數位時鐘和類比時鐘作用幾乎差不多。

但是，**如果想透過直覺的方式掌握「時間經過多久」或「還剩下多少時間」時，類比式的時鐘會比較適合。**

因為比起只用數字表示的數位資訊，可以直覺掌握指針的角度和前進速度的類比式時鐘，比較符合人類的感覺模式。

這就像閱讀實體書比電子書印象更深刻一樣，因為實體書擁有相當豐富的類比資訊，包括裝幀和紙張的觸感、書本的重量、體積等。

不只是單純記住想知道的資訊，將資訊緊密結合色彩和形狀、聲音、觸感等身體感覺元素，更容易讓人印象深刻。

其他類似這種除了數位以外、還運用類比元素來加深印象的例子，還有以下這些東西。

圓餅圖和長條圖

---▶ 比起全是數字的表格資料，圓餅圖和長條圖可以一眼就看出數字和整體的比例關係。

旋律或諧音、雙關語

---▶ 可幫助更容易記憶。

背誦或抄寫

---▶ 閱讀時，比起只用眼睛看，透過背誦或抄寫可以幫忙記憶。中文字的聽寫也是一種透過身體感覺記住筆順和文字結構的做法。

現場演奏

---▶ 聽音樂時比起用耳機聽，聽現場演奏不只是聽覺，還能透過五感感受到現場氣氛、氣味、空氣振動等，更容易使人感動。

隨手塗鴉

---▶ 不擅長畫畫也無妨，在收到他人的名片時，在上頭簡單畫上對方的樣子，可以幫助記憶。

「啃書」的好處

在富樫義博的漫畫《獵人》（HUNTER x HUNTER）當中，有個角色名叫酷拉皮卡。我非常喜歡書中關於他鍛鍊「念能力」這種超能力時的修行的描寫。

酷拉皮卡在學習運用念能力製造鎖鏈並自由操控的能力時，當時的師父給他的修行內容就是「每天除了玩鎖以外，什麼都不能做」。

於是，酷拉皮卡整天就只是盯著實際的鎖鏈又摸又看、聽聲音、確認重量，甚至還舔嚐、嗅聞其味道。就這樣每天不斷反覆這些過程，到最後連每晚睡覺都會夢到鎖鏈。不久後，就算沒有實際的鎖鏈，他也能看見虛幻的鎖鏈，甚至鎖鏈的幻影愈來愈真實，最後練就製造念能力鎖鏈的能力。

這當中讓我贊同的一點，是他**「透過用聞的、用舔的方式來確認鎖鏈的氣味」**。

當真正想學習某項技能時，光靠知識和理論來瞭解是不夠的，還必須透過味覺、嗅覺、觸覺、身體感覺等原始的感覺來使身體習慣，才有辦法像操控自己的身體一樣運用自如。

學習知識也是一樣。對書中的知識是「光只有知道」，或是「會加以運用」，兩者天差地遠。

要想對知識運用自如，不能光靠用眼睛看去瞭解，**必須將知識和資訊結合直覺上的感覺和感情，例如唸出聲音、隨身帶著書、與人討論書中內容等，知識才有辦法變成自己的一部分，**

達到運用自如的地步。

說得極端一點，舔書或啃書或許也是個不錯的方法。雖然書會變得破破爛爛，但相對地記憶應該會非常深刻。

當然，並非「所有情況都是類比方式比數位更好」。

比起指針式的類比時鐘，數位時鐘可以透過較小的體積表現時間；比起實體書，電子書可以立即下載，且隨時隨地都能閱讀。以效率來說，電子資訊比類比要來得更好。

不過，如果想記得滾瓜爛熟，最好還是透過類比元素來加深印象。

各位不妨可以依據不同情況區分使用數位和類比資訊，例如「不重要的東西用數位方式，關鍵時刻就用類比資訊來加強記憶」。

方法2

透過書寫達到進步

「語言化」的神奇作用

我習慣將所有想到或正在思考的事，當下馬上寫在推特或部落格上。

這是因為將思考化為語言，可以促進思緒繼續發展。

雖然也可以和人分享而不用透過書寫，但寫下來還是比較方便。原因有以下兩點：

1　很多時候身邊正好沒有可以分享的人。

2　寫下來之後可以再重新檢視自己的想法。

如果沒有寫下來，只是不停在腦中思考，很容易會一直不斷重複同樣的思考。

但如果化作語言輸出，就能客觀檢視自己的想法，或是發現其中錯誤，進而往下一個階段的思考邁進。

「語言化」是人類具備最有用的問題解決能力。

在語言學當中，經常可以聽到的一個例子是，「彩虹顏色的數量會隨著語言不同而改變」。

在日文當中，一般來說彩虹分為紅、橙、黃、綠、藍、靛、紫七種顏色。不過根據不同的語言，有時候彩虹會是六種或五種、三種顏色。

這些當然都不是正確答案。

真正彩虹的顏色，其實是從紅色慢慢變成紫色的無限漸層。只不過，我們很難說明這種連續性的狀態，因此必須在某些地方做適當切割，如此大家才能說得出顏色或加以運用。

但是，這種切割方法並沒有絕對。根據觀看者或文化不同，可以有任何不同的變化。

在以語言切割表示之前，這是一個沒有具體形態、充滿模糊曖昧且極度複雜的世界。後來，透過對世界的各種事物套以概念並化為語言之後，人類於是開始可以操控這個世界。

語言化也可以說是**「將連續性的類比世界，透過語言轉換爲數位化」**。

前一節曾經提到，「記憶時，比起運用數位方式，透過類比元素來加深印象會更有用。」相反的，「思考時，將類比資訊轉換為數位資訊（＝語言化）」，

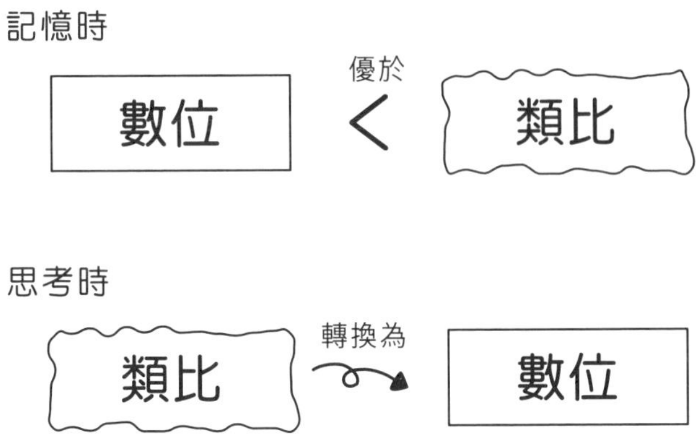

會更有幫助。

換句話說，**學習是一種不斷在數位和類比資訊之間反覆轉換的行爲**。隨著將數位資訊轉換成類比資訊，再把類比資訊轉換為數位資訊的反覆過程中，「不知不覺獲得知識」，就是所謂的學習。

這麼說聽起來似乎很難，於是接下來我會針對「將類比資訊轉換為數位資訊（＝語言化）」簡單為各位說明。

一旦覺得「今天總覺得人不太舒服，什麼事都不想做，可能撐不下去了」，會讓人感到不知所措。但是，這時候如果知道「啊，這是因為『感冒』了」，就可以找到解決對策，例如吃藥、休息等。

對於集結各種症狀之後的狀態給予「感冒」的定義之後，事情就能輕鬆應對。這就是所謂的語言化。

大家常說，**「一旦可以說出問題在哪裡，事情就已經解決大半了。」**由此可知將對象語言化的重要性。

「擴充」大腦記憶

書寫就像一部時光機，可以跟過去或未來的自己進行對談。

我很喜歡重新回頭去看過去自己寫的部落格和推特的內容。

回想過去自己曾經有過哪些想法，是一件很有趣的事。除此之外也能重新複習自己已經忘記的知識。

人的大腦雖然很容易遺忘，但事實上也沒有必要把所有事情全部記在腦子裡。只要寫下來記在一個方便瀏覽的地方，就可以當成是大腦記憶體的擴充來使用。

寫文章時當然可以一鼓作氣寫完，不過在公開之前，最好先將文章放置一段時間之後，自己再重新看過一遍。

間隔一段時間再看自己寫的東西，可以客觀地進行調整，例如「這裡寫得不夠清楚，可以再補充說明」、「這裡的想法可能稍嫌偏頗了」等。

大家常說，「夜裡寫信容易情緒化，最好隔天再看過一遍之後再寄出。」

看自己寫的東西，可以和過去或未來的自己對話，所以就算是自己一個人，也能獲得和人討論的效果。

其他透過書寫帶來效果的例子還有以下幾個：

寫下目標貼在牆上

---▶ 作用就像想像有個人在指導自己該做什麼。

在繪馬或七夕短籤上寫下心願

---▶ 可以讓自我願望變得更明確，或是透過動手寫下來，讓自己對期望更加堅定。

寫下自己的負面思考

---▶ 可以發現自己的扭曲思考，進而獲得心理上的解脫（詳細請自行搜尋「認知療法」）。

人的大腦天生就容易遺忘，因此不太可能把所有東西全寄託在大腦。這時候可以將想法或資訊，透過書寫的方式一一記在筆記本或網路上，藉此向外擴充大腦容量，讓思緒變得更自由。各位不妨也輕鬆地隨時寫下自己的想法吧。

方法3

比一般資訊更重要的詮釋資料

「題外話」可以加深記憶

我在學習時總會認為，「比起一般的資訊，詮釋資料更重要。」

所謂的詮釋資料（Metadata），就是描述資料屬性的資訊。

舉例來說，關於「忖度」的意思，字典上的解釋是「揣測對方的心意」。

然而，只瞭解字典上寫的意思，以知識來說並不夠充分。關於「這個詞實際使用在什麼情況」、「什麼樣的人會經常使用到這個詞」、「與這個詞相關的事情有哪些」等，**如果對該詞彙含義的相關內容沒有廣泛的瞭解，就無法達到運用自如的地步。**

這種時候，詞彙本身的意思就是「資訊」，而與該詞彙相關的其他內容，就是「詮釋資料」。

會在課堂上和學生聊題外話的老師，都是好老師。

有些東西雖然考試不會考，卻是和上課內容有關的有趣軼事。例如，當學生知道「微積分的發明是為了計算大砲的飛行彈道」，或是「石川啄木是個負債累累的人生失敗組」時，自然會因為這些軼事而對上課內容印象深刻。

人的大腦天生就容易記住和故事、感情相關的事物，因此，結合題外話一起記憶，反而是效率更好的一種做法。

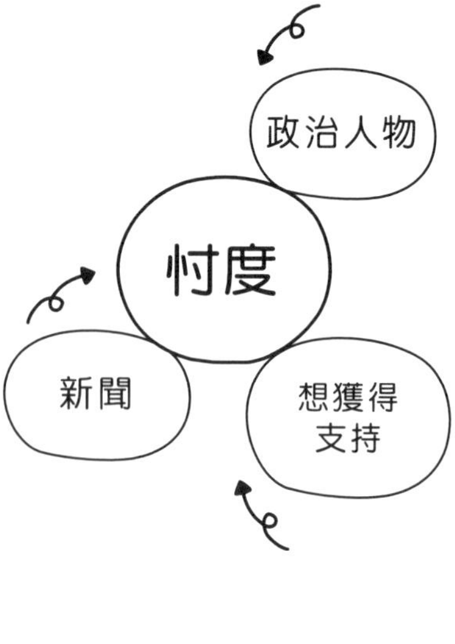

賦予書本「血肉」的方法

在學習某項事物時，最好多接觸熟悉該事物的人。這是因為人本身就是一個充滿詮釋資料的寶庫。光憑教科書無法領會的曖昧模糊的部分，只能直接向人學習。

以法律為例，和熟悉法律的人聊天，可以得知許多法律相關資訊，例如「熟悉法律的人平時會如何運用法律」、「法律最有趣的部分是什麼」、「哪些法律在理論上與實際的運用上有所不同」、「法律人士之間最常說哪些關於法律的玩笑話」等，藉此進一步將這些訊息當成有用的知識加以運用。

假使身邊沒有正好合適的人選，追蹤經常在推特上聊到關於法律的專家，也是不錯的方法。

就像我在前言曾提到「文化資本會影響人的文化程度」一樣，即便無法從父母身上獲得學習，但藉由傳達給孩子重視知識與學習的態度和環境，自然可以教出會念書的孩子。

其他關於詮釋資料重於一般資訊的例子，還有以下幾個：

推特上的盛傳訊息

---▶ 即便沒有看過訊息，光從大家對訊息的反應，就能大概瞭解內容。

向朋友借來的書

---▶ 會把書的內容和朋友產生連結，因此記憶更深刻。

過去曾造訪過的地方

---▶ 人之所以一到某個地方就會想起之前造訪的經驗，是因為記憶和該地方的氛圍等產生連結所致。

事實上所謂的學習，就是針對書上的資訊增加自己的詮釋資料的一種行為。

也就是對書上索然無味的資訊，加入自己的思維或回憶、想法等，使它成為自己的一部分。等於在無色透明的資訊中加入自我色彩。

只有透過這種方法獲得的資訊，才有辦法長久擁有，成為自己的武器來加以善用。所謂將資訊轉化為自己的東西，指的就是這麼一回事。

方法4

限制的力量

缺乏，有時會激發出「天才」

在行為的選擇上，基本上選項愈多，能做的也愈多。

只不過，**很多時候選項太多、什麼都可以，反而會讓人不知所措。**

可以做的有限或很多東西不能做時，反而會因為可以做和應該做的有限，因此達到專注的目的。

所以，當選項太少時，不用抱怨，更重要的是專注於在這種情況下自己能做什麼。說不定反而有所限制的情況，才是最好的機會。

相信大家都會覺得，比起長大後看過的書，小時候看過的書反而印象比較深刻。

這是因為小時候可以獲得的資訊有限，因此會比現在更專注於每一本書中。

比起每個月可以買十本書的情況，如果每個月只能買一本書，**對於這唯一一本可以買的書，就會更謹慎挑選且認真閱讀，即便內容不喜歡也會印象深刻。**

人類大腦的處理能力有限，就算眼前有再多東西，也不可能全部一一活用。

現在的社會已經充斥過多的資訊，讓人不知從何下手。因此，偶爾限定範圍或許是不錯的方法。

不僅如此，不能做的事，其實也決定了自己應該做什麼。

我之所以比較會寫文章，全是因為我從以前就不是很會說話。**假使我是一個可以將想法滔滔不絕說出口的人，今天應該就不會寫作了。**

或者像是創作音樂時，如果用的是吉他或鋼琴等樂器，由於無法發出手指頭按不到的音符，因此可以創作運用的音符就會變得有限，也更容易創作出符合手指在樂器上的流暢度（手指習慣動作）的曲調。

相對於此，如果不使用樂器，而是透過電腦軟體來作曲，就能無限自由地使用樂器無法發出的音符，因此比起使用實際的樂器要來得更自由。

只不過，一旦過於自由地運用任何音符來創作，反而會讓人不知道該如何創作。無論受限於樂器或人體構造的部分，或是手指習慣彈奏的部分，有時反而會成為一種獨特的韻味。

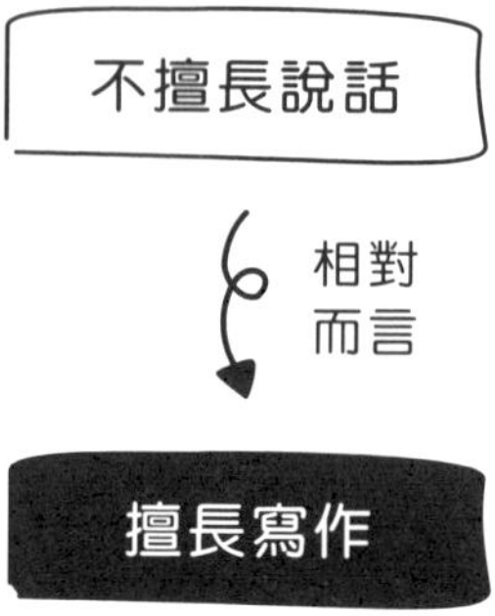

因為有做不到的部分，所以反而創造出特性。做不到的事，決定了自己該做的事。

那些被世人稱為天才的人，全都是異於常人的人，很多都缺乏一般人具備的常識或處理瑣事的能力。不過，正因為**有這些欠缺，他們才能專注於某些特定的部分，發揮某部分的才能。**

因此，不要視自己的缺乏為不幸，不妨就當成是決定自己該做什麼的個性。

真的任何情況都能樂在其中嗎？

每次下廚，我最喜歡「把冰箱裡的剩餘食材搭配組合做成料理」。只要透過各種方法，將現有的東西搭配組合，做成還算可以吃的料理，我就會感到非常有成就感。

相反的，如果要我「上超市買喜歡的食材回來做料理」，我反而會因為選擇太多、不知道該做什麼而感到不知所措。這種時候，如果看到「本日特價」或「當季食材」的牌子，我就會鬆了一口氣，因為這樣就可以輕易做出決定了。

想像力和創造力，通常都發生在從有限資源中想試圖做出成果的時候。

人生並非所有情況都會完全遵照自己的意思發生，大多時候都是受到時間或金錢、場合、工作、義務等限制而無法自由發揮。

不過，千萬不要只把這些制約視為枷鎖，如果可以思考如何在這些制約中，想辦法讓事情順利進行、讓自己樂在其中，無論面對任何情況，事情都會順利發展。

雖然手上的武器總是有限，還是要想辦法讓自己樂於繼續戰鬥下去。

選擇性少反而可以更順利進行的情況，還有以下幾個：

在家裡以外的地方念書

---▶ 在家念書容易分心，相反的，在圖書館或咖啡店反而會因為沒有其他事情可做，而達到專注的目的。

期限

---▶ 與其毫無期限，事先設定好最後期限，愈接近期限效率會愈好。

預算

---▶ 比起帶著一大筆錢出門採買，只帶少許錢就不會做出不必要的消費行為。

不過，也有很多時候選擇性愈多，可以做的事也愈多。因此，最好的方法應該是盡可能追求更多選擇性，同時也不要對選擇太少感到不滿足，而是要想辦法善用現有的資源。

以上就是我認為學習最重要的四大方法。接下來在本書中將會不斷出現這四種方法，如果忘記內容，希望各位可以回頭再重讀本序章。

接著，我想先針對接下來的內容順序稍做說明。

首先，第一章是針對資訊的「輸入」做說明。因為輸入才是學習的基本中的基本。

第二章則是針對資訊的「輸出」做說明。藉由不斷輸出，也能提高輸入的效率。

接著第三章是針對「動機」和「計畫」的說明。提不起勁的時候該怎麼辦？這個問題恐怕和學習方法一樣重要。

最後在附錄的部分，我將介紹一些當成興趣閱讀也能獲得學習的「漫畫」。這些精挑細選的作品，可以讓人即便提不起勁，也能獲得知識。各位不妨當成轉換心情來閱讀。

此外，本書不需要從頭依序閱讀，想從哪裡開始都可以。各位可以儘管挑選有興趣的部分來讀。

第 1 章

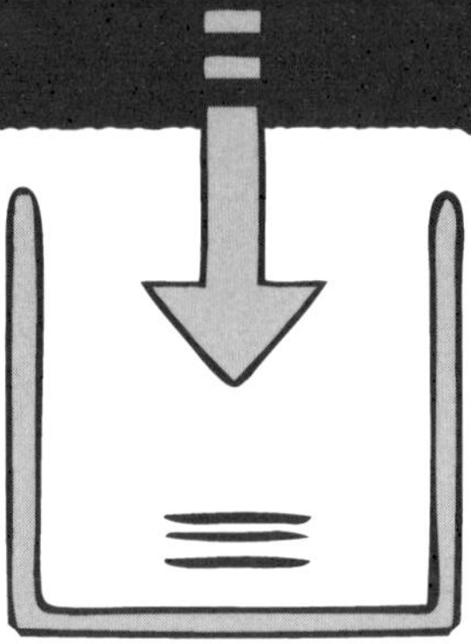

整理資訊的輸入技巧

CHAPTER1

輸入技巧1

快速記憶的方法

所謂學習，主要就是「將資訊輸入至大腦」。過程分為三個階段：

1 培養興趣

要感興趣，才有辦法進入大腦

↓

2 閱讀

將資訊輸入至大腦

↓

3 記憶

將該資訊存放於大腦中

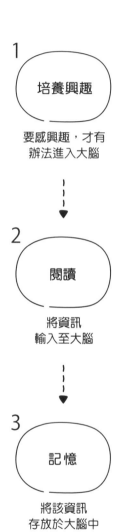

接下來就依序來看這三個階段吧。

步驟1　先「培養興趣」

首先是針對第一個階段「培養興趣」。

如果一開始就已經對學習的內容感到興趣，代表你很幸運，可以跳過這個階段，往下一個步驟前進。

不過很可惜的是，人生很多時候都必須學習自己不感興趣的事。雖然很討厭，但也無可奈何。**人如果永遠只接觸自己感興趣的事物，眼界會變得愈來愈小，而且也別想有機會可以增加自己的興趣了。**

我自認為比一般人興趣更廣泛，但還是有很多領域是完全不感興趣。舉例來說，我對水泥的耐久性、日圓升值的機制，或是寶塚歌劇團的歷史等就不太感興趣。

這種時候可以換個角度思考，**「即便是我再怎樣都不感興趣的事物，還是有很多人做得很開心。」**正因為如此，那些領域才會存在於這個世上。

各位不妨想像，這世上還有許多人是興致盎然地談論著那些自己無法理解的專業術語。

熟悉那些領域的人，究竟從中找到了什麼樂趣呢？又是用什麼態度和方式在面對的呢？

比起學習的事物，**我們可以先透過觀察對該事物樂在其中的人，以掌握該領域的氛圍。**如此一來就能更快找到樂在其中的方法。

如果身邊有熟悉該事物的人，可以試著和對方聊天或一起行動。或者，也可以在推特上追蹤熟悉該事物的人。這樣都能幫助自

己掌握「書裡寫得很清楚，真正在做的人卻表現得格外曖昧模糊」的「現場的氛圍」。

舉例來說，我很喜歡看將棋對賽，不過，像我這種棋力太低的人在看職業棋士的棋步，很多時候根本看不懂其中的用意或意圖。

即便如此，我還是看得很開心，因為一旁有解說者協助解說。例如「這一步棋的用意是……」「喔！這是一步決定勝負的關鍵棋步！」等。換言之，就算是無法感受其中樂趣的外行人，透過瞭解的人幫助解說，也能找到樂在其中的方法。

就如同在上一章方法3提到的，資訊除了本身以外，透過結合所謂的詮釋資料等其他相關內容，會讓資訊變得更容易瞭解。

此外，我在開始學習新事物時，經常會用到的方法是**「閱讀該事物的相關漫畫」**。

現在無論是再小眾的主題，都有相關題材的漫畫。例如與代書相關的《正

義代書戰士》（カバチタレ），或是與資訊工作相關的《Haru Rock》（ハルロック）等。另外，坊間也出版了許多類似「漫畫圖解粒子物理學」之類的入門書籍。

漫畫是一種透過圖片和角色來輕易獲得知識的媒介。如果找不到適合的相關漫畫，小說、電影等也是不錯的選擇。

或者，也可以買雜誌來閱讀。小眾雜誌裡的特集、廣告、讀者投稿等，都可以協助一窺該領域的氛圍。

記住該領域的專業術語也是個不錯的方法。語言是人類用來掌握這個世界的工具，因此專業術語代表的是該領域的人共同具備的知識。就像我很喜歡將棋，對於將棋解說中經常會聽到的獨用說法也很感興趣，例如「這是『充滿挑釁意味』的一步棋」、「這麼一來，雙方都有可能會吞下敗仗」等。

一開始聽到大量使用專業用語的對話，或許會覺得「根本一頭霧水，完全聽不懂」。不過，隨著漸漸習慣之後，應該就會愈來愈喜歡像熟悉門道的人一樣地使用專業術語了。

步驟2 「將知識混合著」讀

接下來我們來看「2閱讀」。

池谷裕二在《過度進化的大腦》（進化しすぎた脳）中曾提到：「愈是低等的動物，記憶愈正確。」

這雖然有點出乎意料，不過事實上，**過度正確的記憶其實用處不大，反而模糊曖昧的記憶比較實用**。

舉例來說，有一隻蟲在傍晚時分於A地遭遇鳥兒襲擊，最後在千鈞一髮之際逃過一劫，活了下來。這個記憶對於牠躲避下一次的危險來說非常重要。以這個情況來說，最正確的記憶應該是「〈傍晚〉時在〈A地〉遭遇〈鳥〉的襲擊（所以這種時候要提高警覺）」。

然而，如果記憶過於清晰正確，經驗就無法活用在其他類似的情況。換言

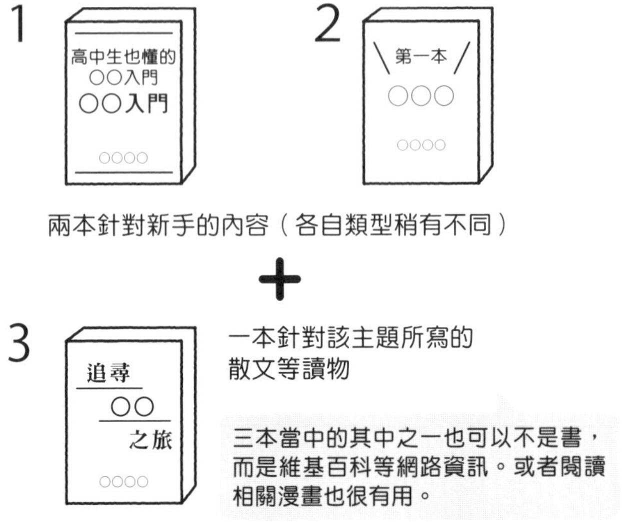
1
高中生也懂的
〇〇入門
〇〇入門
〇〇〇〇
2
第一本
〇〇〇
〇〇〇〇
兩本針對新手的內容（各自類型稍有不同）
+
3
追尋
〇〇
之旅
〇〇〇〇
一本針對該主題所寫的
散文等讀物
三本當中的其中之一也可以不是書，
而是維基百科等網路資訊。或者閱讀
相關漫畫也很有用。

之，除了〈傍晚〉時刻、〈A地〉、被〈鳥〉襲擊以外的情況，牠都不會提高警覺。

這就是為什麼像是「總覺得這種氛圍的時間點和地點很危險」、「總覺得大型動物一有動靜就要先提高警覺」等模糊不清的記憶比較有用的原因。

根據這個道理，**我在開始接觸一項完全不熟悉的事物時，至少會先讀過三本相關書籍。**因為這麼做，可以讓我對該知識一知半解到正好曖昧模糊的程度。

如果只讀一本書，再怎麼讀也只是在死背書中的內容。這樣的話，就算可以完全照本宣科地說出書中的內容，也很難用自己的話來表達。

而且，無論再優秀的書，書中的意見都會因為作者而有所偏頗。如果只讀一本書，將無法發覺其中的偏頗之處。

假設讀過兩本以上，會知道「A雖然這麼寫，但B的意見稍有不同，應該是解釋方法不同的關係。就先綜合這兩個意見來思考吧」，而對知識產生模糊曖昧的印象。如果讀了三本以上，資訊就會在自己心中相互融合形成模糊的印象。

學習最重要的，就是掌握這種氛圍和模糊曖昧的感覺。

只要可以掌握該事物的氛圍，就能用自己的話說明學到的知識。如此一來，也就能用自己的方式巧妙運用學到的知識了。

步驟3　用「牛消化的方式」來記憶

最後是針對「3記憶」的說明。

想必大家都有經驗，前一天才剛學到的東西，隔天馬上忘得一乾二淨，不禁懷疑自己的記性為什麼那麼差。我也經常如此。

不過，其實沒有必要為此沮喪。遺忘對人來說是很常見且理所當然的現象。忘了再重新記憶。透過反覆這個過程，最後記憶才會深植在大腦裡。

大家必須要瞭解一個前提：「記憶分為兩大類」：

- 長期記憶
- 短期記憶（工作記憶）

長期記憶指的是無論經過多久都記得的記憶。一般來說，日常對話中提到的記憶，指的大多是這一類。

而所謂的短期記憶，指的是當下記得，但經過幾個小時或幾天後就會忘記的記憶。

例如「昨天吃了什麼」、「今天早上在街上看到什麼」等，**這一類的記憶如果全都存放在大腦，大腦會因爲過度使用而當機，因此大腦發展出一套隨即忘記的系統。**這種短期記憶會在做事的時候發揮作用，所以又稱為工作記憶。

如果是熟悉電腦的人，用硬碟和記憶卡的關係來比喻，可能比較容易理解。長期記憶就是硬碟（與整體的容量有關），而短期記憶則是記憶卡（與作業效率的好壞有關）。

學習時記憶，就是將從書中獲得、存放在大腦短期記憶裡的資訊，轉換成長期記憶。

但是，從短期記憶要轉換成長期記憶十分困難，過程與海馬迴這種大腦器官有關。腦科學研究認為，最後**「只能仰賴不斷對大腦反覆輸入」**。

因此，如果想「記住」學習的內容，總之唯一的辦法就是不斷反覆學習。

學習最恰當的步調是「前進三步退兩步」，一旦忘記，就再用同樣的方法反覆記憶，久了就自然會記住。方法雖然既老套又單調、麻煩，但不妨就把這當成是唯一的辦法而死心吧。

就像牛會不斷反芻吃下的東西一樣，透過不斷重讀看過的書、將瞭解的東西化作文字寫出來、重讀自己寫的東西等，資訊也會漸漸內化成為自己的一部分。

輸入技巧2

加強記憶的技巧

在上述為止的內容當中，說明了快速記憶的三個步驟。

不過，這三個步驟畢竟只是基本觀念，要想實際運用，必須得再加入一些具體的技巧。

因此，接下來我將針對「加強」記憶的五大技巧為各位做介紹。

技巧1　反覆重讀筆記

學習筆記光只有寫沒有意義，因為做筆記是為了之後可以反覆重讀。

筆記和便箋的作用原本就是藉由將大腦裡的東西記在紙上，使大腦可以暫時放鬆。

換言之，做筆記是為了清空大腦的短期記憶（工作記憶），好讓大腦可以保有一定的工作效率和專注力繼續學習。

在這裡很重要的一點是，**光是只有做筆記，並無法將內容連結至長期記憶。**

甚至有實驗顯示，單純以做筆記和不做筆記來看，「做筆記反而記不住」。一般認為這應該是因為做了筆記會讓人感到放心，覺得「這樣一來就算忘了也沒關係」。

筆記不能只是寫下來就算了，必須反覆重讀才有意義。寫下來的東西，一下子就會一一忘記。若想把習得的內容作為長期記憶保存，就必須不斷反覆將資訊重新輸入大腦。

比起真的再回頭重讀筆記，重新再上一次上過的課，或是再看一遍讀過的書，效果會更好。不過這樣太浪費時間，也太麻煩了。

所以才要藉由重讀筆記來複習。即便是一個小時的課程或閱讀，如果只是重讀筆記，大概五分鐘就能做到，非常簡單。

平時閱讀時，我習慣會在想記住的內容處貼上便箋。這麼做也是為了之後再重新瀏覽。

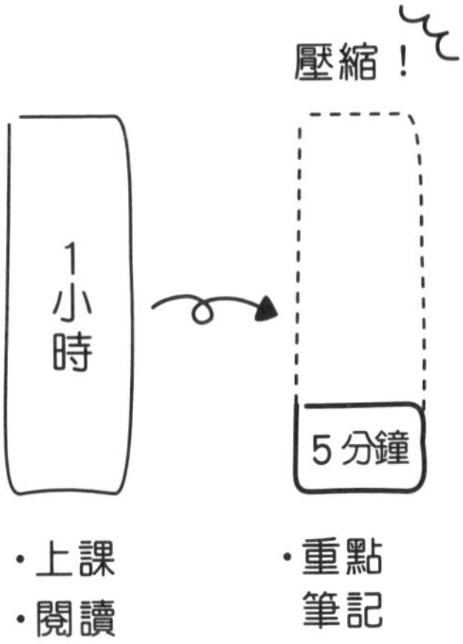

事實上，不斷反覆重讀整本書效果最好，但這實在太麻煩了，又花時間。所以，乾脆只要重讀貼有便箋的內容（以及前後內容）就好了。

比起長時間複習，短時間的反覆複習，比較容易加深記憶。

各位也可以試著用自己可以接受的程度，反覆一點一點做簡單的複習。

此外，我在做筆記時會特別留意「確實區分保存資料和暫時資料」。

保存資料指的是長久保存的東西，暫時資料則是不斷汰舊換新的東西。**只要清楚這兩個區別，做筆記和便箋就會變得更有效率。**

以網路來說，內容不斷更新的推特就是暫時資料，而寫下來的東西會一直存在的部落格，就是保存資料。

將大腦裡的東西暫時寫下來做成筆記。這就是暫時資料。這時候寫下來的內容即便雜亂、沒有條理也無妨。如果一開始就顧慮到內容要方便閱讀和理解，會讓做筆記的速度變慢。所以，這時候最好什麼都不要想，儘管寫下來便是。

接著，經過一段時間之後，再將筆記重新好好整理，讓不瞭解的人（包括將來的自己）也能一看就懂。這就是保存資料。

在暫時資料的階段所寫下來的雜亂便箋，時間一久，有可能連自己也看不懂，所以**最晚在幾天之內就要盡早將暫時資料轉換爲保存資料**。

這個從暫時資料轉換成保存資料的過程，等於將所學內容全部重新再回顧一遍，因此正好也能當成一種複習。

技巧2 放空大腦

上述提到記憶不能只靠學習，再回頭複習重點筆記也很重要。除此之外另一個我認為也很重要的重點是，必須讓大腦暫時放空，什麼都不想。

一味地輸入資訊，大腦會因為塞滿太多東西而變得搞不清楚狀況。因此，為了讓大腦整理這些資訊，學習結束後，必須有一段時間減少資訊的輸入，將大腦放空，什麼都不思考。

這就像吃完東西要花時間消化，讓養分成為身體的一部分一樣，**在大腦裡消化新的資訊、進而轉換爲自己的東西，同樣也需要花上一段時間。**

各位可以想像在放空的時候，大腦裡有個倉儲管理員會針對大腦裡的東西做整理。

放空的休息時間就真的什麼都不要做，不要再對大腦輸入任何新的資訊，或是用腦思考等。只要找個安靜的地方躺下來休息，或是泡個澡、放鬆地散散步都可以。

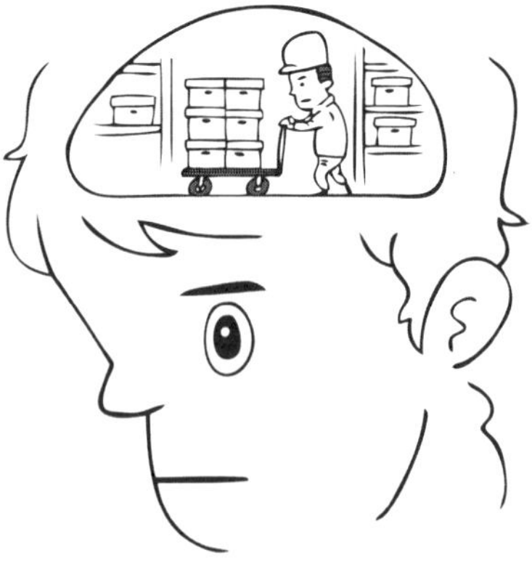

或者，睡覺也是個不錯的選擇。據說睡覺時會做夢，本來就是「因為大腦在整理清醒時輸入腦中的資訊」。所以，只要睡前學習，睡覺時大腦正好就能利用時間整理學到的內容。

在睡前或打算放空大腦（如搭電車長時間移動等）之前，先將想記住或想思考的內容輸入大腦，效率會非常好。

技巧3　邊散步邊記

每當想記住什麼的時候，我就會先看書。

看書看累了之後，我會將三件想記住的事寫在便箋上，放在口袋裡帶著出門散步。

就這樣在家裡附近漫無目的地散步，暫時忘記學過的東西，放空大腦。如同前述所言，在這段「放空的時間」內，大腦深處會下意識地針對前一刻輸入的東西做整理。

走路是一項非常好的活動。像這樣稍微活動身體，不僅可以感覺到思緒活絡，心情也會因為環境改變而煥然一新。對我來說，**走路的節奏有助於解開大腦雜亂糾結的思緒和資訊，感覺一切自然而然變得更清晰。**

散步時，我不時（大約每十五分鐘一次）會回想剛才自己正在背的三件事是什麼。

如果一下子就全部想起來就沒問題，若是想不起來，就再看一下口袋裡的便箋。不斷重複這樣的過程。

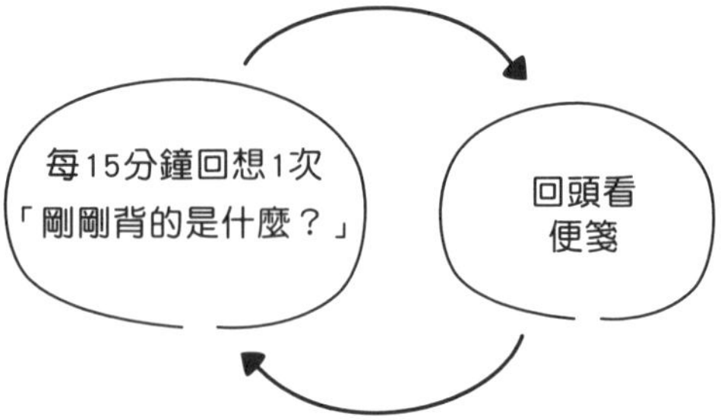
每15分鐘回想1次
「剛剛背的是什麼？」
回頭看
便箋

在前述內容中曾提到，比起長時間的學習，不斷反覆進行短時間的複習，更容易加深記憶。以這個角度來說，「邊散步邊複習」正好是個不錯的方法。

至於這些便箋，我會一直放在口袋或皮包裡，直到可以完全不看就全部想起來為止。

之所以每一次記住「三」件事是有原因的。

一次記住一兩件事太少，對學習的效率來說太差了。但四件又嫌多了點。而三是人類直覺可以勝任的最大數量。

這一點從數字演化的過程來看就能理解。

國字小寫數字：一、二、三、四、五……
羅馬數字：Ⅰ、Ⅱ、Ⅲ、Ⅳ、Ⅴ
阿拉伯數字：1、2、3、4、5……

阿拉伯數字的2和3，是將原本兩條橫線的「二」和三條橫線的「三」，像草書一樣拆開連起來寫成。

也就是說，無論哪一種數字，從一到三都是用一至三條線並列來表現，從四開始就都是另一種表現方法。這是因為人類直覺可以勝任的數量只到三為止。

既然如此，就一次記住三件事吧。四件以上感覺難度又變高了。

技巧4 讓資訊自然映入眼簾

很多人都會運用的一個方法是：「把想記住的東西寫在紙上，貼在經常看到的地方。」我自己也會運用這個方法，書桌前和電腦螢幕旁總是貼滿了許多便箋。

把書放在房裡常見的地方，或是隨身放在背包裡帶出門，也是個不錯的方法，**實際書本的存在和重量會提醒自己「該看書了」**。

面對網路上的資訊，我同樣會運用這種「讓自己自然而然看見而記住」的方法。

至於實際做法，就是追蹤推特上針對自己感興趣的事物發表意見的帳號。這麼一來，只要登入推特，自然就會看到許多該事物的相關訊息。例如想學英文時，就只要追蹤用英文發表訊息的帳號，無論訊息內容是什麼。

追蹤的帳號可以是人，也可以是機器人帳號（bot）。

機器人帳號是一種持續自動發表設定內容的系統。

由於設定簡單，因此推特上有各種針對不同主題的機器人帳號，其中許多都和學習相關，例如世界歷史或民法的機器人帳號。

這些帳號每隔一小時或三十分鐘，就會發表一篇與主題相關的內容。只要追蹤這些帳號，自然就能獲得知識。

假使沒有正好符合需求的機器人帳號，也可以自己創立。「twitbot」等網路應用程式可以讓人就算不懂程式設計也能創立機器人帳號，各位可以多加利用。

唯一要注意的一點是，**「人是很容易就對刺激感到習慣的動物」**。人類的大腦很容易感到厭倦。

就算把便箋貼在房裡醒目的地方，只要兩個禮拜，人就會習慣便箋的存在而不自覺地自動無視。就算追蹤推特的機器人帳號，也會自動略過所有訊息。

為了避免發生這種「厭倦」的情況，唯一的辦法只能持續增加變化了。

換言之就是定期改變便箋的黏貼位置，或是改用不同顏色大小的紙張、經常變換推特追蹤的帳號等。在學習的這條路上，和想無視於訊息而放空的「容易厭倦的大腦」之間的戰鬥，永無停止的一天。

技巧5 透過網路輸入大腦

網路普及的現代最有趣的一點是，任何人都可以成為資訊的發送者。

在這之前，可以對大眾發表意見和新聞的，只有電視、報紙和雜誌等媒體。除此之外的個人幾乎無法向大眾表達想法，所謂情報資訊，只限於媒體對個人等單方面的流通。在這種情況下，受媒體青睞而形成商機的話題有限，因此社會上流通的資訊，比起現在範圍更狹隘且偏頗。

不過，如今拜網路所賜，無論針對再小眾或微不足道的主題，每個人都可以無須付出任何成本地輕易向全世界發聲。

在現在這個時代，電視也好，報紙也好，就連部落格和推特等，全部都是資訊來源之一。這是人類史上第一個特殊年代。對於這種資訊環境，我感到樂此不疲。

只不過，每個人都可以成為資訊發送者也有壞處，也就是造成「資訊過度氾濫」。

在過去那個只有電視的時代，可供選擇的頻道不到十個，根本沒有不知道要看哪一台的困擾。不過，在這個每個人都能發送資訊的時代，太多的訊息，已經讓人不曉得該看什麼了。

並列！

電視 = 報紙 = 部落格 = 推特

所謂「每個人都能輕易地發送資訊」，意思也等於「不管內容再糟糕也能散播」。於是，網路上的資訊混雜了許多虛假和錯誤，更有非常多不值得一看的垃圾訊息。

這種時候就需要叫作「策展人」（curator）的角色了。

策展人原本是指美術館裡負責選定展出作品的人，不過近來在網路上也用來稱呼那些幫大家從無數資訊中篩選出有趣話題做介紹的人。

只要追蹤數十名感興趣的策展人，就可以非常輕易地透過網路獲得相關資訊。

如果覺得某個人很有趣或深感興趣，不妨可以追蹤對方的推特帳號。這麼一來，對方感興趣的資訊自然就會出現在自己的動態消息上。

順帶一提，我平常會上推特、Hatena Bookmark、Tumblr 等打發時間。這些社群媒體的共通點是，使用者都可以追蹤自己感興趣的帳號，打造專屬的動態消息。

假使各位不知道該追蹤哪些人，不妨可以先試著追蹤我（@pha）以及我追蹤的帳號。

一旦發現一個感興趣的對象，就可以循著對方追蹤的人或瀏覽的網站一步步看下去。**隨著這樣一個一個追蹤下去，掌握的資訊就會愈來愈多**。因為所有資訊都不

會是單獨存在，而是一個接一個地環環相扣。

透過他人獲得資訊有趣的地方在於，所獲得的資訊不會只有訊息本身，還有附帶對方的意見或想法等詮釋資料。在前面也曾提過，連同詮釋資料一起吸收資訊，對大腦的記憶會更有效。

其中，Hatena Bookmark的詮釋資料尤其相當值得一看。

Hatena Bookmark是一種可以將網路上特定網頁設定成書籤保存的服務系統。使用者在設定書籤時，可以附上簡短的意見。其他人也可以針對有趣的意見給予星星，增加互動性。

就算對資訊本身難以理解，透過瀏覽獲得許多星星的熱門意見，也可以多少瞭解內容。或者，如果嫌閱讀資訊麻煩，只要瀏覽大家的意見，就算沒有看過資訊本身，也會瞭解內容。

我自己使用Hatena Bookmark的主要方法是，如果想概略瞭解資訊，就快速瀏覽大家的意見，再針對其中感興趣的部分細讀資訊本身。

在Hatena Bookmark當中，光是從「您感興趣的網頁」和「熱門網頁」等兩個欄位就能概略掌握許多資訊，完全不會找不到東西可以看。

網路資訊的好處在於，只要循著連結一步步搜尋，各種相關訊息會多到讓人眼花撩亂。一個最容易理解的例子是，循著維基百科上的連結一路瀏覽各種資料，是一件非常過癮的事。

在網路上，可以從資訊連結到詮釋資料，或是透過策展人而獲得陌生領域的資訊，或是藉由檢索一個突然想到的詞彙，接觸到另一個過去未知的世界。

現在真的是一個幸福的年代，因為每個人都可以自由地使用如此充滿各種資訊的網際網路。只要找到遨遊於網際大海的方法，接下來肯定再也不會感到無趣。

輸入技巧3

「實體書」活用術

比起網路和電子書，閱讀實體書更重要

網路雖然是個非常好用的資訊工具，但如果想深入學習，還是免不了要閱讀實體書。

我雖然是個少了網路就會感到不安的「網路人」，但就學習這一點來看，還是不得不說，比起網路，實體書的效果更好。至少以現階段來說是如此。

若以保存資料和暫時資料來說，網路資訊是不斷汰換的暫時資料，而彙整了某種程度的資訊的實體書，則是屬於保存資料。

我之所以具備各種知識和思考能力、能夠寫書和文章，可以說全都是因為

我把閱讀當成了興趣。

我每個月大概會看十至十五本書（不包括漫畫）。我認為平時沒有閱讀習慣的人是寫不出文章的。**必須先對自己輸入大量文章，在大腦裡依照自己的方式消化整理，最後才有辦法輸出文章。**

比起網路，實體書的優點是「內容紮實」、「具備完整資訊，而非只是片斷的內容」。

現在的時代，只要透過網路，每個人都能免費寫文章、閱讀文章。這一點雖然很好，但以內容的品質來看，很多時候實體書還是略勝網路一籌。

這是因為比起個人基於興趣而無償分享寫出來的東西，實體書是由專家收取酬勞花時間寫成，並經由出版社判斷「這樣的內容可以賺錢」，因此在內容的品質上還是比較好。

現在網路資訊的取得非常容易且方便，只要透過 Google 或維基百科搜尋，大部分的資訊都能找得到。

不過，網路上找到的資訊，通常都是零碎片斷的內容。

例如針對「A」上網搜尋，一下子就可以在維基百科上找到關於「A是什麼」的資訊。不過卻很難同時看到其他相關內容，例如「專家針對A有什麼看法」、「A在社會上扮演了什麼角色」、「A和B及A和C的關係為何」等。

資訊絕不是單獨存在的東西，而是在相關資訊的網絡中與其他資訊相互關聯而存在。

只瞭解資訊本身，無法做任何實際的運用，還必須輔以「文脈」、「思想」等賦予該資訊意義的詮釋資料。只瞭解缺乏文脈和思想、呈無色透明的資訊，頂多只能成為雜學王。**在只要上網檢索立刻就能找到資訊的現今世界，死記資訊**

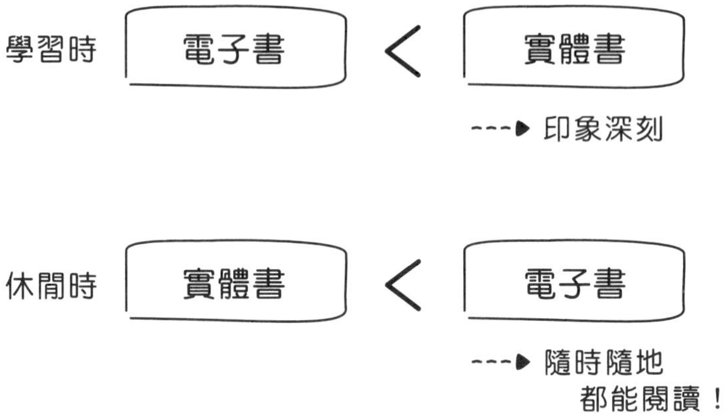

幾乎沒有任何意義。

比起資訊本身，更重要的是為了活用資訊而存在的文脈和思想。而這些，正是書本可以提供給我們的東西。

書本除了實體書以外，還有電子書。建議各位在學習時，盡可能選擇實體書。

電子書確實有它方便的地方，例如在家只要透過網路就能馬上買來看，也不需要空間來收納，隨身帶著走更是方便。

對於輕鬆閱讀的書，例如漫畫、小說等，我也大多選擇電子書。

不過，如果是想從中獲得學習的書，我會盡可能買實體書。原因就如同在序章的方法1當中提到的，比起電子書，閱讀實體書更容易讓人印象深刻。

或許各位會覺得，實體書和電子書「內容都一樣」。

不過實際上，實體書的內容會藉由和書本的重量、開本、手感等感覺性的要素相結合，讓人留下更深刻的印象。如果是電子書，每一本書在閱讀器的手感和重量、格式、版面等全都一樣，比較難產生深刻的印象。這就是電子書的缺點。

雖然實體書具備實際的實體，需要空間來收納，不過這反而也是它的優點之一。

將實體書放在家裡，再不喜歡每天也都會看見，每次看見就會想到「啊，該看那本書了」、「之前看的那本書真有趣」等，**等於強制喚起大腦中書的存在和內容。**以這一點來說，電子書不需要收納空間，雖然方便，但是卻很容易會連自己已經買過的書也全忘了。

另外，閱讀最重要的不是「努力」看書，而是把閱讀當成「興趣」或「用來打發時間」，甚至是「養成不自覺地主動閱讀的習慣」。從這個角度來看，**從小就養成主動閱讀習慣的人比較有利**。不過即使已經長大，還是有辦法將閱讀變成習慣。閱讀永遠不嫌晚。

要想將閱讀變成習慣，總之就是先看書，讓自己習慣。一開始的入門選擇也可以是漫畫。現在有很多漫畫，都可以從中學習獲得知識。

透過看漫畫習慣閱讀之後，接下來的目標就是習慣閱讀文字書，不再對文字書感到痛苦。

就知識而言，比起漫畫，文字書畢竟還是有比較多紮實的內容。而且閱讀一本文字書所需的時間比漫畫長，對於打發時間來說也比較划算。

無論什麼書都可以，就為自己創造「閱讀文字很快樂」的經驗吧。即便是電視劇或動漫的原著或改編小說也可以，輕小說也無妨。甚至是情色或次文化等任何讀物都行，就從自己最容易接受、感興趣的主題開始接觸。

喜歡看小說等有故事性內容的人，就從小說開始讀起；對虛構小說有興趣的人，就從虛構小說開始讀起。電玩、電影、足球等任何一種興趣都可以，**對什麼感到有趣，就從那裡下手，找相關的文字書來看。這或許是個不錯的方法。**

最初的目標就讓自己先習慣文字、不再抗拒看字多的書吧。

把閱讀變得像看電視一樣

愈是不看書的人，愈會覺得看書對自己來說很難。不過，就以把看書當興趣的我的實際感受來說，看書就像隨便看電視一樣，是一件輕鬆、隨興的事。

聽到「我這個月讀了二十本書」，這對不看書的人來說，或許會覺得很厲害。不過實際上，這二十本書當中也包括了「只挑有興趣的部分閱讀」，或是「因為無趣或看不下而讀到一半就放棄」等之類的書。

算得上真正從頭讀到尾並從中獲得收穫的書，頂多只有兩三本而已。

閱讀不需要照著頁碼乖乖地從頭看到尾，可以從一半的地方開始看起，或是從後記開始也無妨。

對於怎樣都讀不下去的書，我通常會隨便從中間開始看起。這麼做會讓我覺得自己是個不老實遵守順序的人，看書的心情因此變得稍微開心了點。

藉由這種獨特的閱讀方式，可以加深對內容的印象。由此可見，偶爾打破習慣也不失為一件好事。

假使內容有趣，即便是從中間開始讀起，也會慢慢被內容吸引，甚至再從頭讀過一遍。

一本書通常內容都很長，要想從頭到尾完全理解，根本不可能。

在閱讀的過程中，只要發現任何一個新的收穫或是不錯的想法，就是值回票價的閱讀。如果在一本書當中發現三句佳句，那就是大豐收了。

以作者的立場來說，雖然一本書大概都有兩百頁以上的內容，但**其中真正想傳達給讀者的重點，每一本書濃縮之後，頂多都只有二十頁。**

至於剩下的一百八十頁內容，大多是用來詳細說明這二十頁的重點，或是提供許多具體實例，或是針對重點相關的各種內容做介紹等。

更直截了當地以出版業的想法來說，實情是一本只有一百頁上下的書會顯得過於單薄，放在書店裡很難引起注意，因此通常會希望將內容擴充到兩百頁左右。

在這種情況下，有時就會添加一些不必要的內容，或是放入對談內容等來增加頁數。

除非是喜歡作者的文筆，或是想針對書中重點做更深入的瞭解，這時候再從頭到尾仔細將整本書看完。

但是，如果覺得對作者的言論無法認同，或是內容過於冗長、無法一一細讀，這種時候就只要看重點部分就好。**即便是和自己興趣或想法不符的人所說的言論，只取重點部分來看，有時也有一番道理，仍舊可以從中獲得學習。**

一本書的重點，從「序（前言）」或第一章或「結語（後記）」就能瞭解，因此只要讀這些部分就行了。以本書來說，我想各位就只要讀「前言」和「序章」就可以了。

書本的好處就在於，即使只是隨便挑自己喜歡的部分來看，也不會惹惱任何人。

如果對象是個人，即便一開始的五分鐘很專心聽對方說話，但從中途開始就不停邊看手機邊隨便應付對方的話、根本沒在聽，或是要求說話太冗長的人只講重點、不要廢話，想必應該都會惹惱對方。**從這一點來看，書還是比人方便多了。**

不管內容是什麼，總之就是翻開書、隨意開始讀起。就算只是做做樣子，只要開始看書，最後一定會愈看愈有興趣。

記錄「讀書筆記」的方法

看書最好盡量養成做筆記的習慣。原因有以下兩個：

第一，**「爲了之後重讀筆記，幫助大腦記憶。」**

在前述內容中曾多次提到，所謂記憶，是藉由不斷反覆閱讀，在大腦留下深刻的印象。然而，以看書來說，不斷重讀一本書得花上許多時間。

因此，如果將書裡的重點或感興趣的部分摘錄做成筆記，接下來只要看筆記，就能記住書中的重點。

另一個原因是因為，**「透過書寫可以幫助記憶」**。

讀完一本書之後，可以試著用自己的方式來表達印象深刻的部分或想法。不要只是空泛地覺得「這本書感覺不錯」，藉由明確寫出「〇〇因為△△，所以很棒」等想法，可以將書中的知識轉化為自己的東西。這就是為什麼將自己的想法寫下來或說出來很重要的原因。

不過，如果每一本書都要詳細筆記，實在太耗時，所以我通常會根據內容的趣味性和重要程度，分成以下四個階段來做筆記。

① 重要程度：零

內容不是很有趣。

這種時候，我只會記錄「看過這本書」，不會寫下任何感想。

② 重要程度：低

讀完之後對某部分內容感到興趣。

這種時候，我只會摘錄感興趣的部分做筆記。如果只截取少部分，之後再重讀筆記時，只要花個一兩分鐘就能看完，非常輕鬆。

只截取部分內容做筆記的好處在於，重讀這些內容可以連帶回想起書中其他的內容。

③ 重要程度：中

對整本書感興趣，只摘錄部分內容不夠。

這種時候，我會用自己的方式，將書中有趣的內容做簡單的整理，發表至專門記錄讀書筆記的部落格上。

我會將一般的部落格和專門用來記錄讀書筆記的部落格做區別。讀書筆記專用的部落格幾乎不會公開，所以很多都只是片斷或條列式的內容，除了自己以外，沒有人看得懂。

反正只要自己看了可以想起部分書中內容就好。

至於既然不想讓人看到，為什麼還要特地寫在部落格上的原因，其實是因為「部落格可以方便保存（寫在筆記本或便箋上容易遺失）」，而且，「日後如果想看，可以透過檢索快速找到。」

例如想找某一本書的筆記時，只要搜尋自己的部落格名稱或書名，就能輕易找到筆記，非常方便。

④ 重要程度：高

覺得「這本書好精采」、「我想好好學習書裡頭的內容」、「我想和其他人分享這本書精采的地方」的時候。

這種時候，我會在部落格和推特上，以淺顯易懂的方式，向人介紹這本書的精采之處。

透過認真思考如何向完全沒有預備知識的人傳達精采內容的方式來寫文章，自己對書中內容的理解，自然也會變得更深刻。

以上就是我記錄讀書筆記的方法。

各位可以利用「Bookmeter」等書評網站或部落格等記錄讀書筆記的 Web 服務來做讀書筆記。利用網路來保存筆記，之後如果想看，只要透過檢索就能快速找到，十分方便。

另一個題外話是，在部落格和推特上分享介紹好書的時候，透過亞馬遜聯盟行銷的方式提供連結，就能獲得若干報酬。把這當成誘因來促使自己努力看書，或許也是個不錯的方法。

書是「反映自己的鏡子」

書就像是一面反映自我的鏡子。因此，人不可能對於和自己個性截然不同的書感到有趣。

人之所以會覺得一本書很有趣，是因為從書中發現「自己好像也是這樣」的內容。

所謂閱讀，就是**在眾多的文字排列中，尋找自己有感覺的部分。**就像是一種自我探尋的行為。

觀察亞馬遜網站上的書評可以清楚知道，很多時候即便是同一本書，不同的人，感想完全迥異。這是因為每個人在閱讀時，都對書投射以不同的想法所致。

類似這種評價上的差異，雖然除了書以外，對於電影、漫畫等也很常見。不過，其中書的個別差異尤其明顯。

這是因為書是一種讀者想像空間很大的媒介。

書裡唯一有的就只有文字。由於資訊量少，書中沒提到的部分，只能仰賴自己的想像補充。所以才會導致同一本書，卻產生因人而異的感想（有時甚至幾近妄想）。

也就是說，**「每個人都只看見自己想看的部分」**。閱讀就是這麼一回事，這也無妨。

有句話說：「所謂的老師，只有在人生真正需要的時候才會出現。」

也就是說，當無心拜師學習或不需要老師的時候，即便相遇也只是擦肩而過，不會發現對方。

書本也和老師一樣。就算是再好的書，假使讀的人沒有領悟的素質，讀了也不會留下任何印象。

相反的，對於自己真正需要的書，當下就會明確知道「我好想看這本書」、「我現在就非讀不可」。如果沒有這種感覺，大概就不是符合當下自己需求的書吧。

這個道理就像口渴的時候喝水，或是蔬菜攝取不足的時候吃蔬菜會覺得特別美味一樣，**如果是自己真正需要的書，讀起來就會特別津津有味。**

這種會讓人感覺「就是這個！」的書，根據我的經驗，幾十本當中頂多只會發現一本。不過，一旦體驗過這種閱讀符合自我需求的書的快感，就會想再度體驗而不斷看更多書了。

如果只是被動地空等，很難遇到符合自我需求的書。只有主動多方涉獵，才有更多的可能可以遇到讓自己感覺「就是這個！」的書。

但是話雖如此，各位也沒有必要拚命往書店找，耐著性子讀自己不感興趣的書。最重要的是時時涉獵各類書籍，抱著姑且一試的開放態度來看待所有的書。人在身體緊繃而低著頭猛看的時候，沒有辦法接受任何新的刺激。相反的，只要放鬆自己、展開視野，自然會發現有用的東西。

改變書櫃的「頻道」

「轉台」指的是不斷切換電視頻道。而我就經常會「幫書櫃轉台」。

我經常會到書店、二手書店或圖書館等地方，漫無目的地遊走在書架間，眼光隨意掃過架上書背。或是站在比自己還高的書架前，不斷上下來回瀏覽架上的書籍。

不一會兒，**我的眼光會不經意突然停留在某一本書上**。像這樣不禁注目的書，通常都是自己感興趣的書。

當然，有時候雖然因為好奇而翻閱，但看了之後才發現對內容不感興趣。或者，有時候甚至根本找不到任何值得停下目光的書。這種時候我也不會強求。因為到書店閒逛本來就是我的興趣，包括這種情況在內。

轉台主要是為了多方吸收各類資訊。在大量瀏覽資訊的過程中，可以發現某些吸引自己目光的東西。而那些，通常就是自己當下關注的事物。

要想知道自己真正關心什麼，與其將資訊隔絕在外、獨自埋頭思考，不如讓自己自然而然地接觸大量資訊，反而比較容易找到答案。**藉由接觸各種事物，發現自己對什麼有感觸，就能漸漸看清自己的想法。**

塔羅牌占卜也是這個道理。與其說結果準不準，其實比較像是一種輔助思考的工具，讓人透過看到塔羅牌的圖像後產生的想法，來整理自己的思緒。

在一般書店和二手書店、圖書館等，書櫃上的書呈現的是完全截然不同的風景，各自都有不同的樂趣。觀察書店以外的場所的書，例如咖啡店或朋友家裡的書櫃，也是相當有趣的一件事。

人的大腦對於刺激很容易習慣，同一個地方的東西看久了會變得習慣，大腦也就不再吸收資訊了。因此，時常變換地點相當重要。各位如果心裡有所迷惘，不妨就四處走走，看看不同的書櫃風景吧。

輸入技巧4

「圖書館」活用術

書不必每一本都買

想看的書，我會盡可能到圖書館借來看。真的很喜歡，或是有迫切需要才買。買書也大多是從二手書店找便宜的買。

這麼做當然也是因為「想省錢」，但另一個同樣很重要的原因是：「我不想失去寶貴的掏錢經驗。」

以人類的心理來說，**自己付錢買的東西學得最快**。對於花大錢買的東西，通常都會產生「非得值回票價不可」的心態而躍躍欲試。

只不過，人類是很容易對刺激感到習慣的動物。

一旦對花錢買東西過度麻痺，漸漸地花錢就不再會感到心痛。換言之，一旦習慣用新書的定價買書，漸漸地付錢時就不再會有「有點心痛」，或是「我一定要好好讀這本書，才能值回票價」的感覺了。

相反的，如果平時不太用定價買書，而是到圖書館借或是買二手書，**當偶爾用定價買「真的有需要、想擁有」的書時，就會充分感受到花錢的心痛，以及想好好認真閱讀的感覺。**

小時候零用錢有限，不可能買下所有想要的東西。所以，對於當時想盡辦法好不容易買到的書、音樂或遊戲機等，到現在都還印象深刻。

相對的，長大之後雖然可以任意支配金錢買想要的東西，但是對於每一樣買下的東西，印象卻不如過去深刻，也不再有所感動。

在序章的方法4中曾提到，可以自由地買任何想要的東西並非就是好事。有愈多的做不到，也代表著可以專注在有限的選擇中。

就拿在書中劃線標出重點為例，假使在每一個地方都劃線，意義等於沒有劃線一樣。如果在每一個信封都蓋上「重要文件」的章，等於全部都變得不重要了。人的專注力和記憶力有限，所以區分重要程度非常重要。

決定書的「重要程度」

在前述 106 頁介紹過做讀書筆記的方法。同樣的，書到底該用借的還是買的，也能根據自己認為的重要程度來訂定以下基準。

① 重要程度：零
只在圖書館借。

② 重要程度：低
二手書三百圓以下就用買的。

③重要程度：中
二手書價格不超過定價的一半就用買的。

④重要程度：高
買新書。但為了日後可能會賣掉，所以不在書中做任何筆記。

⑤重要程度：最高
買新書。日後也不考慮賣掉，所以可以在上面做筆記或蓋上自己的印章。

我一年平均看一百本書，其中重要程度「最高」的，大概只有三本左右吧。

只要像這樣做好區分、不輕易買書，買新書或在書上做筆記時，就會對自己的奢侈感到緊張，也更容易對內容印象深刻。

至於重要程度「低」和「中」的書，尋找二手書也是相當有趣的一件事。好處是透過花時間找書，對書比較容易留下印象。

書的重要程度，有時會隨著閱讀或時間改變。

經常會發生一種情況是，一開始雖然從圖書館借，後來卻因為實在太喜歡、想真正擁有，於是改變主意直接以定價買新書。

有時候則是珍藏了好幾年的書，某一天卻突然覺得自己不再需要，於是將書賣掉。但是即便如此，書在賣掉之前，肯定都提供了自己許多幫助。

我自己偏好書看完就賣掉。**這是因爲一本書看得最認眞的時候，就是在「買完當下」和「賣掉之前」。**

與其因為懶得處理而把書一直留在身邊，賣掉可以讓人因為「趁賣掉之前再看一遍」的心態而產生閱讀的動力。想必各位都有經驗，搬家時一整理起書櫃，就會忍不住看起書來而忘了整理。

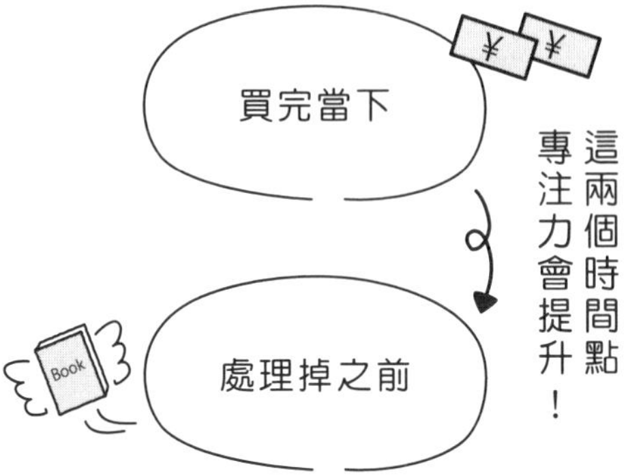

沒有特別印象的書大可賣掉，需要的時候再買二手書就好。**這種做法可以讓人在賣掉之前和再買進之後，做深刻的閱讀。**

現在包括 BOOK-OFF 和亞馬遜網站在內，購買二手書十分方便，幾乎沒有一放手就再也找不回來的書。

聽我如此推薦二手書和圖書館，有些人或許會覺得應該買新書，好讓作者有版稅拿、出版社有錢賺（有些人可能會誤會，但其實買二手書或是到圖書館借書，對作者和出版社而言都賺不到錢）。

我也是個作者，也希望大家都買新書。但是如果只能買新書，無論是書本身或是閱讀的世界，都會變得過於狹隘。

我自己過去也是個經常善用圖書館和二手書的人。**我認為透過圖書館和二手書輕易地親近閱讀，確實可以提升閱讀人口。**看書的人愈多，這些人除了圖書館和二手書以外，肯定偶爾也會買新書。以我來說，雖然是圖書館和二手書的重度使用者，但不時也會買新書，可以說比一般人花更多錢在書上。

基於這種想法，我也希望自己的書可以透過圖書館和二手書等管道被善加運用。購買我的書的人，在閱讀完畢之後，不妨也將書賣到二手店或是借給朋友，讓書回到社會上繼續發揮作用。

將圖書館當成自己的「書櫃」

我平時盡可能不囤書。

一方面想看的書如果全部買下很花錢，再者家裡也必須有廣大的存放空間。而且書非常重，搬家時更是一大工程。

既然如此，乾脆就把圖書館當成自己的書櫃，想看的時候再借出來看。這樣不但方便，而且也省錢。

圖書館可以免費借到所有的書，這一點實在很棒。因為免費，所以即便是「對內容有點好奇，但說不定不喜歡」的書，也可以毫無顧慮地借來看，連帶使得知識愈來愈豐富。

最近的圖書館甚至還提供不少漫畫，就連 CD 和 DVD 都有。

最新的暢銷書或許得排隊等上數十人的預約，無法馬上閱讀。不過，就算不是最新的，舊書還是有很多有趣的選擇。

每一次到圖書館我都覺得，**「再過十年、二十年，不，或許一直到自己離開人世為止，就算再也沒有新書出版，都不愁沒有書可以看。」**這世上所累積的讀物，已經多到讓人看也看不完了。

即便是許多人預約排隊等著看的書，一兩年後不用預約就能隨時借閱。況且暢銷書這種東西，過一陣子等待話題退燒之後再讀正是時候。

圖書館的書有固定的借閱期限。這一點有些人可能會覺得不方便。

不過，事實上借閱期限有它的好處。一旦有了期限，就會有動力得在期限內把書看完。也就是說，「限制的力量」的道理會在這個時候發揮作用。

比起以為自己或許會看而買來放著、卻一放放了好幾年都沒有看的情況，趁著想讀的時候迅速認真看完，才是有效率的學習方法。

各位可以在家裡醒目的地方設置一個空間，專門擺放從圖書館借來的書，一旁再連帶放著標註「歸還日期」的便條紙。這麼一來，每天只要看到那些書，就會想起幾號之前必須看完，自然就會認真閱讀。

圖書館的借閱期限原則上都是兩個星期，再加上寬延期，最多可以借閱四週的時間（寬延期可上網辦理）。以大部分的書來說，二至四週的時間應該都能看完。

如果覺得四週的時間不夠，想再多看幾個月，這時候再自己買就好。

若想把圖書館當成自己的書櫃，在決定住家地點時，就必須考量到是否方便使用圖書館。

我現在住的地方距離最近的圖書館，走路大約需要二十分鐘。不過，我已經習慣每隔一兩週，找一天天氣好的日子散步到圖書館借書，順便當成運動。

至於每間圖書館的藏書量，會根據各地方政府有所差異，一般來說都會和當地人口成比例。所以，盡量選擇居住人口多的地方，才有辦法使用到豐富的圖書館資源。

以這個角度來說，都市會比較有利。居住人口少的地區藏書較少，很多時候想看的書都沒有。不過，**就算是再小的圖書館，應該還是有很多自己沒看過或**

是不熟悉的類型的書。

正因為選擇有限，所以可以深入瞭解。而且無論任何類型，隨著閱讀的心態不同，一樣可以從中發現樂趣。

近來，許多圖書館不限當地居民，也開放鄰近地區或城市、甚至是任何人都能借閱。換言之，只要稍微跑遠一點，就能借到更多書。也有人因為考量到可以使用一間以上的地方圖書館，因此特地選擇住在市區交界的地方。

如果有申請圖書館會員證，別忘了也要申請登錄該圖書館的網路服務。現在的圖書館大多可以透過網站進行藏書檢索、預約借閱、跨館借書或寬延期限等服務，只要懂得善用就非常方便。

知識應該像「水電瓦斯」一樣為大眾共有

接下來雖然是題外話，但各位知道圖書館為什麼要提供免費借閱嗎？

這是基於「知識應當對所有人公平開放」的思想。

甚至更極端一點，也有人主張「知識不同於物品，是全人類的公共財，任何人都不得獨佔」。

知識對生存來說是一種強大的武器，具備愈多知識，對生存愈有利。

倘若今天沒有圖書館，閱讀就必須付出金錢。如此一來，只有擁有財富的人，才有辦法縱覽書海。

有錢人透過學習，獲得更多知識和資訊，變得更富有。但是相對的，貧困階級由於缺乏資訊，只能永遠生活在困苦當中。如此一來，貧富之差將成為常態。

這對社會發展來說並不健康。**即使沒有錢，只要有學習欲望，就應當爲他開啟**

學習之路。

因此，圖書館存在的目的，就是作為一種最低標準的生活基本設施，保障人民最低限度的知識和教養獲得權。

有如此貼心的制度，若不善加運用，就是自己的損失。

輸入技巧5

「五感」完全發揮術

以「感受強烈」的為首要選擇

以想像來說，只從書中獲得的資訊，就像沒有生命、透明無色的光滑物。因為其中缺乏自身的經驗結合。

這樣的資訊，印象通常不會太深刻，很容易一下子就忘記。

因此，為資訊加上自己的「色彩」，可以幫助大腦更容易記住。

這裡所謂的「色彩」是一種抽象的比喻，主要指的是針對想記住的資訊，**加上自己生動真實的感覺、感情或經驗等詮釋資料。**

如此一來，資訊就會深深烙印在大腦裡，便於日後再回想起來。

舉例來說，用自己的話將學到的東西寫出來或轉述給他人，效果會比照本宣科來得好。

這是因為透過自己的表現方式和解釋，資訊不再是透明無色，而是多了自己獨特的色彩。

另外，比起自己看書，直接從他人口中獲得資訊，記憶會更深刻。因為資訊多了對方的色彩。**結合對方的聲音、語調、個性、口吻等類比資訊之後，資訊感覺就變得「活生生」，不再只是無生命的東西。**

其他像是和情境結合，也是一種不錯的方法。

例如在平時不常去的地方看書。這種做法會讓大腦很容易留下記憶，例如「在一個晴空萬里的秋日（天氣有點冷），我在不常去的公園裡，看了一本關於〇〇的書」、「在家庭式餐廳，伴著隔壁桌一家人的吵鬧聲，我讀了這本書的這一頁」等。基於這種效果，所以我很喜歡在旅行中閱讀。

記錄學習筆記也是一樣，我會盡可能運用各種方法，製造更多可以讓自己印象深刻的地方。

例如使用各種顏色的筆；將字體放大或縮小；有時寫得整齊、有時隨筆亂記；有時全部用日文、有時部分文字用羅馬拼音；或是在角落畫上插圖等。像這樣增加變化，可以幫助大腦更容易記住。

就這種運用各類不同寫法的做法來說，比起用電腦或手機筆記，手寫的筆記更有效果。

邊想辦法邊做筆記是一件很快樂的事，例如「比起用假名，這裡用漢字寫看起來比較專業」、「只有這個地方用英文寫（而且還是草寫），感覺有點耍帥過頭了，連自己都想笑」等。印象也會比較深刻。想一些諧音的方式來記，也是一種不錯的方法。

最重要的是運用直覺，選擇對自己而言「感受強烈」的方式。結合感覺或感情的資訊，更容易讓人印象深刻，所以平時就要多留意哪些事物容易引發自己的感覺和感情。

用盡「所有感覺」

有個說法叫作「聯覺」（synesthesia）。

聯覺指的是將聲音當成顏色來感覺，或是把數字看成顏色、把觸感當成味道來感覺等。

也就是將視覺、聽覺、嗅覺、味覺、觸覺等五感混合感受，而不是各別單獨運用。

具備聯覺能力的聯覺者，幾千或幾萬人當中只有一個。在這些人當中，很多都擁有特殊的感受能力，因而在藝術方面具備長才，或是擁有超能的記憶力。舉例來說能夠從數字看到顏色的聯覺者，可以背出好幾萬位數的數字（摘自丹尼爾·譚米特〔Daniel Tammet〕《星期三是藍色的》〔Born On A Blue Day〕）。

有一種說法是，這種聯覺性的感受能力，其實每個人都具備，只是在能力上有強弱之差而已。

或許只有一部分的人明顯擁有聯覺能力，但足以作為你我這種普通人參考的一點是，將事物和顏色、聲音、形狀等感覺做結合，可以有助於大腦記憶。

例如歌曲。

大家常說，想一口氣記住許多東西時，只要加上旋律、變成歌來哼唱，就能輕鬆記住。

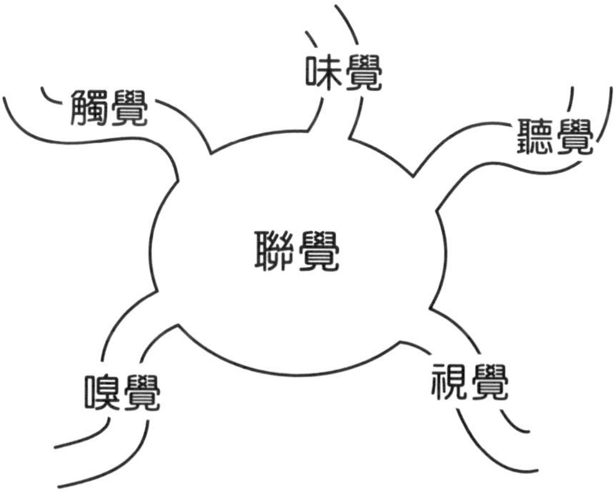

過去我在背中國古代歷任皇帝的名字時，也是將名字套在旋律中來記憶。就連京都馬路的名稱，也是透過以前流傳下來的數數歌來記住。

各位在背東西的時候，也可以試著套用適合的旋律來唱。就算套得不夠好也沒有關係。愈沒有意義，印象反而更深刻。

或者，即便不改成歌曲，只要將學習的內容唸出來，透過耳朵聽到的聲音和喉嚨震動，都會比光用眼睛看更容易記住。雖然在身邊有人的時候可能會引來側目，不過，**念書時小聲自言自語地唸出聲音來，的確非常有用**。我在念書念得很起勁時，偶爾也會這麼做。

另外還有顏色和形狀。**做筆記的時候，我會盡可能使用各種顏色和形狀。**

我經常使用四色筆（紅、黑、藍、綠），利用顏色來區分資料的重要程度。例如一般資料用「黑色」，非常重要的就用「紅色」，普通重要的用「藍色」，自己覺得要多加注意的就用「綠色」（參考齋藤孝《三色原子筆資料活用術》〔三色ボールペン情報活用術〕）。

至於形狀的運用方法是，需要多加留意的地方，就用圓圈圈起，重要的地方用四方形，最重要的部分就用各種顏色不斷畫四方形框起來。

像這樣利用顏色和形狀來做筆記，日後複習時，一眼就能掌握重要的地方。

不僅如此，手寫筆記可以透過活動手指的感覺，與所寫的內容相連結，比起敲鍵盤更有助於記憶。

下回想記住什麼東西的時候，不要只是用眼睛看，記得要動員身體的所有感覺去記憶。

column 1

我為什麼寫文章？

每一次我在寫文章時總會想：

「真正聰明的人，應該不會特地把這些東西寫出來吧。」

頭腦好的人，做什麼都能快速理解，也能表達無礙地用淺顯易懂的方式為他人解說，所以根本不用特地寫成文字或文章。

至於我，其實是個理解能力不好的人。無論是聽人說話或看書，一開始總是無法進入狀況，什麼都不懂，也跟不上思緒快的人之間的談話。

因為這樣，所以我寫文章。我把從眼睛和耳朵接收到的內容化為文字，寫在筆記本或推特上。我將想到的各種思緒片斷，經過篩選、刪除、結合等方式，想辦法整理成一篇文章輸出。

我雖然頭腦不如他人聰明，人又笨拙，但我認為一定有只有我才寫得出來的東西。

頭腦好、可以快速理解複雜事物的人，在這個世上並不多。所以，如果要對世上的多數人傳達事物，只有透過淺顯易懂的簡單文章，才能辦得到。我認為自己的文章應該算是淺顯易懂的，因為我自己也看不懂太難的文章。多虧了自己的笨拙，我才能寫出可以傳達給多數人理解的文章。

另外，寫文章的好處是，一些下筆之前不甚清楚的東西，都能在書寫的過程中慢慢獲得理解。一些在下筆之前沒有想過的東西，隨著敲鍵盤活動手指，突然間會不經意地從大腦裡冒出來。這種靈光乍現的瞬間，感覺真的十分痛快。

文章愈寫會讓人發現更多。而我因為有更多想知道的東西，所以才一直寫下去。

第 2 章

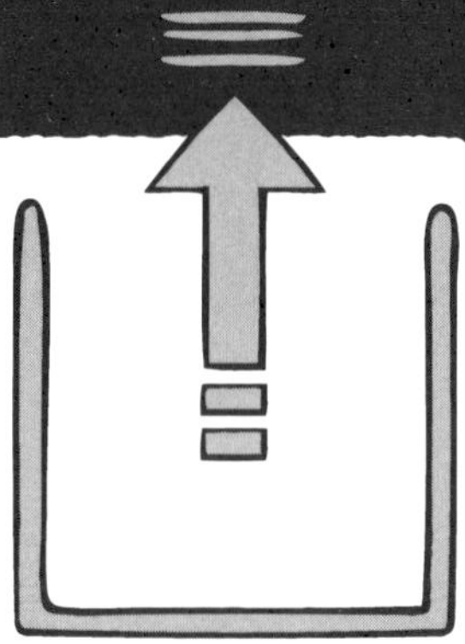

整理思緒的輸出技巧

CHAPTER2

輸出技巧1

「網路」活用術（簡易輸出法）

輸出就是最好的輸入

在前一章提到，學習是一種將資訊輸入大腦的行為。不過，除了單純將資訊輸入大腦之外，釋放資訊，也就是輸出，可以更有效地記住學習的內容。

促使我像現在這樣寫部落格和寫書的最大動力，就是因為「我想瞭解更多」。至於「想寫東西給別人看」或「賺錢」等理由，雖然不能說完全沒有，但比較像是附加的原因。

大家平時應該都會不自覺地想事情想到出神吧。不過，一旦要將想法寫成文章時就會發現，憑著曖昧模糊的理解，並無法將事物做完整妥善的說明。**這**

種時候，透過思考文章該如何達到傳達的目的，大腦自然就會針對資訊做出一番整理。

文章如果隨便亂寫，會讓看的人感到奇怪而有所質疑。所以，下筆之前也必須看很多書，找出正確的資訊。像這樣強迫自己深入理解，是一件非常快樂的事。

本書所寫的內容也是如此。在下筆之前，一開始，我腦中的思緒很少是「完整清楚」的。大概就只有一些「應該差不多是這樣吧（其實不是很清楚）」等模糊曖昧的想法。

接著，再針對這些模糊的想法多方搜集研究、仔細思考，慢慢一個一個釐清到可以寫進書裡發表的狀態。這樣的過程，每一次寫書時我一定會做。

寫文章是一種釐清自己思緒的過程。這個過程非常有趣，也因此我才會一直寫下去。

除此之外另一個原因是，閱讀雖然很快樂，但光只有讀，難免會產生「我該不會只是在做沒有意義的學習吧？」等疑惑。這種時候，如果有人願意看自己寫的東西，或是聆聽自己的意見，就不會感覺學習是一種白做工的行為了。

因此，對維持學習動力來說，公開輸出自己的想法，也是一個不錯的方法。從以前大家就常說，**「教別人就是自己最大的學習」**。也就是說，輸出是最好的一種輸入方法。

所以，各位在做任何學習時，不妨就積極地將所學的內容與他人分享，或是寫在部落格或推特上吧。

「簡易輸出」和「複雜輸出」

說到「輸出」，我想很多人應該都會覺得「好難」、「不知道該怎麼做」。

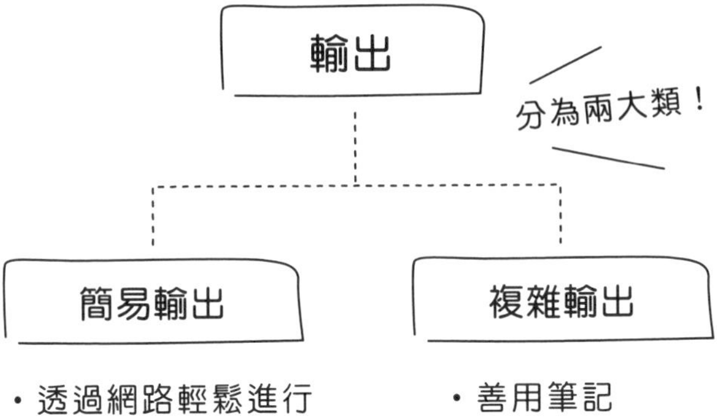

這種時候，可以分為「簡易輸出」和「複雜輸出」來思考。

「簡易輸出」的訣竅，就是放輕鬆去做就對了。不用考慮這麼做是好是壞，失敗了也無須在意。應該是說，這種做法就是為了累積失敗的經驗。

總之就是想到什麼就放手去多多嘗試。如果一下子就要自己做出謹慎又龐大的成果，肯定不會順利，而且也提不起勁。不如先從手邊的小事開始嘗試，就算沒有意義也無妨。

有了這種「簡易輸出」的嘗試錯誤的累積，才有可能激發出可以活用在工作上的想法或長篇文章。也就是「內容紮實的輸出」＝「複雜輸出」。

非常適合作爲「簡易輸出」的一項工具，就是網路。也就是部落格或推特等。

接下來就簡單針對「網路輸出活用術」為各位做說明。

寫「部落格」讓人愈來愈聰明

我寫部落格前後差不多已經有十五年了。

寫部落格讓我的人生有了非常大的轉變。我在二十八歲辭掉了辦公室的工作，成為無業遊民。但是，透過寫部落格讓我結識了許多人，所以我從來都不覺得自己被社會拋棄或感到孤單。

一開始寫部落格時，完全沒有想到能不能賺錢，只是當成打發時間的興趣在寫。不過寫著寫著，漸漸獲得讀者的支持，甚至有出版社因為看了我的部落格而上門來邀稿。之後，我也出版了好幾本個人著作。

我非常幸運地擁有許多部落格的讀者，也因此獲得了工作。不過，**就算今天看我的部落格的人沒有那麼多，我也沒有因爲寫部落格賺到任何一分錢，我想我應該還是會繼續寫下去。**

這是因為，我寫部落格到底都是為了自己。

因為「想深入思考瞭解更多事情」、「想盡可能記下自己的想法和搜集研究的資料」，所以我持續在部落格上寫文章。回頭看自己的部落格是一件非常有趣的事，因為無論是自己這一路走來的思考軌跡，或是曾經對什麼感到興趣等，這一切的變遷，全部都能透過部落格一目瞭然。

當然，寫部落格的時候，總會想著希望獲得讀者的支持，但那終究只是次要的目的。**更重要的還是把它當成擴充大腦的思考工具來寫。**

之所以可以持續長達十五年，也是因為這是為自己而做的事。

假使當初是為了「賺取點閱率」或「賺錢」等目的，可能寫沒幾年就因為厭倦或太辛苦而放棄了吧。

做任何事，如果不是「為了自己」或「因為喜歡而做」，都不會持久。為自己而做，連帶也造福他人。我認為這才是該有的心態。

寫部落格的好處在於，與人分享的外向作用，和自用的內向作用，兩者之間的平衡正好相當。

至於寫部落格讓我實際感受到自己的思考和知識獲得提升的原因，具體來說分為以下三點：

1. **增強大腦記憶功能**
2. **透過分享加深理解**
3. **從他人的回應獲得更多知識**

接下來就針對這三點依序說明。

部落格的作用1 增強大腦記憶功能

在部落格的三大作用當中，首先我想先從「增強大腦記憶功能」開始看起。

這一點主要和寫日記的作用一樣。人類的大腦其實很健忘，所以，把曾經有過的想法或新知寫成文字記錄下來，之後再回頭看時，就能喚醒之前的思考和知識以進行運用。

但是，也不需要將所有發生的事一一詳細記錄。**只要記錄下簡單的重點或要素，就可以藉由這些片斷的資訊喚醒過去的許多記憶。**

此外，把大腦裡模糊不清的想法化為語言，透過活動手指敲鍵盤的動作，也能使大腦更快記住內容。

初學程式設計的方法之一，就是直接模仿套用程式範本。另外像是藉由謄抄經文達到背誦目的的方法，稱為**「抄經」**。

不管是手寫、敲鍵盤或手機輸入，只要是運用自己的眼睛和雙手書寫，都有助於大腦記憶。

如果只是基於以上理由，或許有人會認為，即使不特地寫部落格公開在網路上，只要寫在自己的電腦裡，同樣可以達到目的。確實，以「增強大腦記憶」這一點來說，這麼做也可以。

只不過，放在部落格公開在網路上的好處是，**「檔案不容易遺失」，而且「檢索更方便」**。

如果只是將文章存放在電腦裡，很可能會忘了檔案放在哪裡，或是檔案太多而變得凌亂無緒。甚至萬一電腦壞了，所有資料也會跟著不見。以這一點來說，寫在部落格公開存放在網路上，就能減少找不到檔案或檔案遺失發生的可能性。

此外，方便檢索也很重要。很多時候，就算記得自己不久前曾針對某個主題做過研究並寫下東西，但就是忘了文章存放在什麼地方。

這種時候，如果文章是寫在部落格上就方便多了。寫在部落格裡的東西，全部都公開在網路上，因此**只要搜尋「自己的部落格名稱／主題名稱」，很快就能找到自己的文章。**

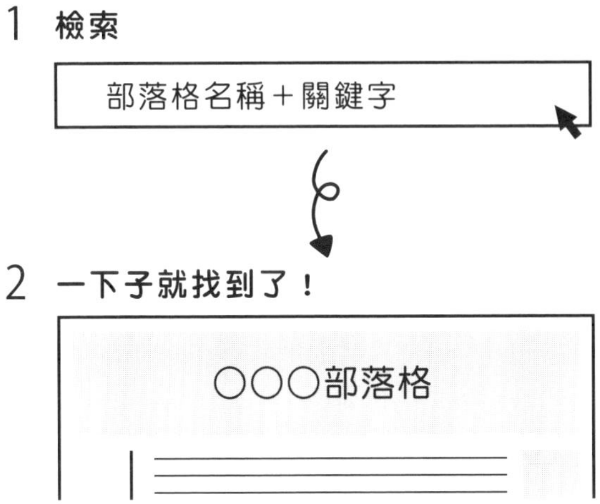

為了方便檢索，在替文章下標題時，記得要用日後看到能馬上聯想到內容的標題。

另外，利用部落格的分類功能，將每一篇文章做好分門別類，也可以加快日後的搜尋。可以的話記得多加利用。

部落格的作用2

透過分享加深理解

本章的一開始曾提到，「寫部落格不是為了給人看，到底是為了自己而寫。」

不過，這個部分其實真的需要一些微妙的平衡。雖然太過於在意他人會使得整件事失去樂趣，但是如果完全不在意他人，只是為自己寫，久了之後也會在不知不覺間走偏，甚至可能變成只是一直在做沒有意義的事。

完全只為自己而做，最後會變得過於孤立；完全為他人而做，到頭來只是累了自己。

因此，部落格的好處就在於可以保持一種基本上為自己而寫、但也多少顧慮到他人看法的中間立場。

也就是說，**部落格是「可以讓他人看到的自用學習筆記」**。

如果是只寫給自己看的筆記，因為「反正只要自己看懂就好」，所以很容易會變得雜亂無序且不夠紮實。

這種做法到最後的結果就是，過一段時間之後再回頭看，自己也看不懂在寫什麼。

不過，假使顧慮到或許有人會看，就會想好好說明，讓每個人都看得懂。

而且為了寫出淺顯易懂的文章，就必須做好概念整理和明確的說明。而這些也

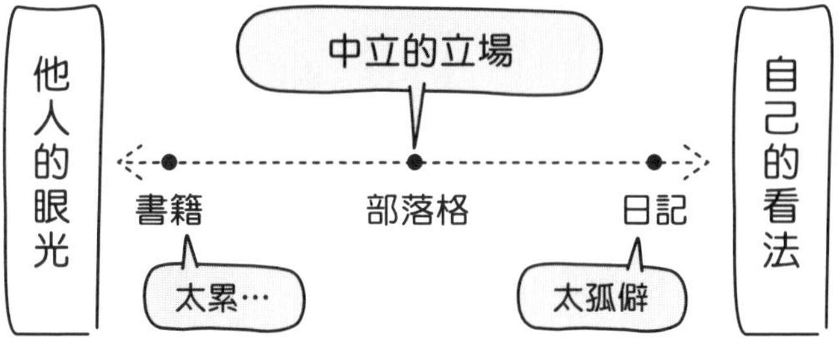

會加深自己的理解。

大家常說**「教別人東西時，自己也會變得更瞭解」**。

但是，不是每個人的身邊都剛好有不比自己懂、又想瞭解的正好適合分享的對象。相反的，更多時候是身邊根本沒有這樣的人。

針對這一點，以部落格來說，一點都不是問題。就算身邊沒有正好適合分享的對象，但因為很有可能「和自己有同樣興趣的人也會看到部落格」，因此讓自己產生了動力，寫出既詳細又淺顯易懂的文章，好讓不懂的人看了也能瞭解。

比起聽別人說話，大部分的人都比較想讓別人聽自己說話，所以這個世界永遠缺乏聆聽的人。

當想和人分享時，不是找個對象一對一地告訴對方，而是隨興地將自己寫的東西放到網路上，這麼做就不需要拘泥於特定的對象，非常方便。

把文章放到網路上，對看的人來說也很方便，可以找有空的時候再讀，或是邊看電視邊讀，感覺輕鬆、沒有壓力。

這就是我認為拜網路之賜，人與人之間的溝通變得更輕鬆的原因。

部落格的作用3 從他人的回應獲得更多知識

在上述「透過分享加深理解」一點中曾提到，就算實際上沒有特定的讀者，但只要想到或許有人會看，就會有動力寫出完整的文章。

不過，假使這不只是可能，而是真的有人在看，就會讓人更有動力。因此，各位不妨也盡量為自己找到讀者。

在網路的世界裡，無論是比自己瞭解或不懂的人，都有多到數不清的存在。

舉例來說，不論是「房地產經紀人」、「自己做美甲的方法」、「殺鱉的方法」或「彌月禮」等什麼都好，只要針對自己感興趣的事或自己的想法進行調查研究，寫成文章放在部落格上，一定會有比自己不懂的人看完覺得有所收穫，也會有比自己瞭解的人指正出文章的錯誤。這兩者都是重要而不可缺的讀者。

看到「這個我還真不知道耶」、「真是上了一課」等回應，會讓人產生動力繼續寫下去。受到瞭解的人指出「你說得不太對喔」，可以增加自己的知識，或是發現自己立場的偏頗，同樣令人感激。

不必顧慮「我只懂自己寫的這些」。即便不懂，也要盡量寫。

因為網路上有許多「渴望教育他人」的人，只要展現「我雖然不懂，但我很想學」的態度，自然會有很多人主動替你上課。

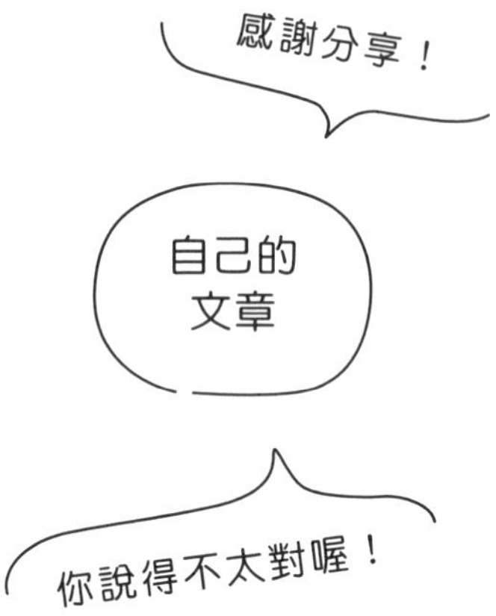

網路上從以前就流傳一種方法：

「與其直接問，用激惹的方式更能獲得必要的知識。」

這個意思是指，比起直接跟對方說「請教我」，寫得好像自己很懂，例如「○○其實就是△△（錯的知識）」，可以引來真正懂的人因為憤怒而詳細賜教，例如「○○才不是△△」、「○○是□□才對」、「多念點書吧」。

雖然這一招用得太誇張會惹來反感，但瞭解這種網路特性，對自己會非常有幫助。

贏得「部落格讀者」的方法

要想贏得部落格讀者，需要某種程度的付出。

在現在的時代，部落格的點閱率很多都來自社群媒體，因此可以善加利用推特等媒體來達到目的。

舉例來說，假設對房地產經紀人有興趣，可以在自己的簡介或帳號名稱中加入「房地產經紀人」等文字，並追蹤其他看似也對相同主題感興趣的人。這麼一來很多時候，對方也會反過來追蹤你的帳號。

另外，**每次部落格有新的文章時，就在推特上不經意地告知大家，例如「新增了一篇部落格文章，記得看喔」，以求追蹤者可以前往閱讀。**

其他方法像是考慮到有些人是透過搜索引擎找到自己的部落格，可以在文章標題或內文中，加入想瞭解該主題的人在搜尋時可能會使用到的關鍵字（如「鰲　殺法」、「彌月禮　困擾」等）。

只要設定適當的關鍵字，想看自己過去寫的文章時，也可以經由搜尋找到自己的文章，非常方便。

推特最適合用來「熱身」

上述提到「將搜尋研究或思考的事寫在部落格可以幫助記憶」。但是，有時候難免會覺得寫部落格這種「長篇大論」很麻煩。我自己也經常會有這種感覺。

這種時候就可以使用推特。因為推特是一種寫作門檻非常低的網路工具。

作家坂口恭平曾經出版過一本書，內容就是集結他之前在推特上寫的東西。

我也經常把寫在推特上的東西，原封不動放到部落格上。

這種先不停在推特上發文，之後再彙整成長篇文章的做法，不失爲一種好方法。

首先，推特的好處在於，每一篇發文最多只能「一百四十個字」。

實際上，很少會有人真的寫到將近一百四十個字，大多都只有十至幾十個字左右而已。不同於部落格，在推特上發表短文是很正常的一件事，所以可以擺脫「一定要寫長篇大論」的壓力。

寫一篇一千個字的文章，心理壓力肯定不小。但如果是寫十篇一百個字，或二十篇五十個字的文章，感覺多少會比較輕鬆。

想到什麼就簡單寫出來發表，寫多少發表多少……寫著寫著，不知不覺也將近一千個字了。

另外，推特上的發文會不斷更新而消失（雖然實際上並沒有消失）。這一點也很棒。

一想到寫完不久就會消失，大家就更會只管不停地寫，即便內容雜亂無章也不在意。

在寫作或創作時經常會用到的手法是，先不斷拋出想法和靈感，之後再從中嚴選整理，彙整成完整的作品。

針對這一開始的靈感拋出，推特就是非常適合的工具。

另外，透過簡單寫點東西，觀察讀者的反應，可以看出一般大眾的反應。例如「該不會其實很多人都對這個主題有興趣」、「這個主題可能不太適合」等。這也是推特的優點之一。如果寫完發現反應不好或說錯話，再立即刪除就好。

我也經常在推特上自言自語一些毫無意義的發文，例如「早安」、「好

睏」、「今天要做什麼好呢」、「這就是人生啊」、「網路實在太神了」等。

之所以寫這些東西，是因為這就像發聲練習和暖身操一樣，在寫長篇文章之前，**稍微像放鬆筋骨一樣簡單寫些東西，可以讓人慢慢提起寫作的動力**。

提不起勁的時候，就從簡單的東西開始寫起吧。

如果不確定，就「匿名」發表吧

上述內容不斷提到，將自己的想法和研究結果寫在部落格或推特上，可以加深對知識的理解。

不過，有些人可能會因為「對自己的想法和研究沒有信心」、「怕被質疑有誤」、「問題顯得對主題不夠瞭解，不好意思發問」等理由，因此不太想在會被其他人看到而不知道會招來什麼質疑和批評的地方發表言論。

這種時候，更應該善用網路優點之一的匿名性。**只要使用匿名而不是自己的名字，即便說錯話，也不太會傷害到自己，更不會損及自己的評價。**

但是相反的，假設匿名發表了精采的文章，也同樣不會讓自己受到肯定。

不過，這種情況只要之後在推特等媒體上表明其實是自己的文章即可。

也就是說，失敗的時候可以躲在匿名的背後，只有成功的時候才自揭身分接下成就。匿名就是這麼一個只有好處、沒有壞處的方法。

有人會用本名以外的另一個名字，在部落格和推特上申請新帳號。不過這麼一來，很多時候寫的東西幾乎不會有人看到。不如在聚集許多匿名帳號的網路論壇上寫文章，可以更輕易地讓大家看到。

以下推薦各位四個網路論壇。

- 5channel（舊「2channel」）
- Hatena 匿名日記
- 發言小町
- Yahoo! 知惠袋

說到日本最知名的匿名留言版，就屬「5channel」了。5channel 有無數個留言版，網羅了包括天文學、水族用品、家庭問題、調味料等所有狂熱的主題。每一個主題都聚集了對該主題感興趣的人。

如果是新手發問，很多主題留言版都有**「新手專用問題串」**提供發問。瀏覽和發言只要透過手機的專用閱覽軟體就可以，十分方便。

「Hatena 匿名日記」（一般稱為「增田」）基本上是個日記軟體，但跳脫了日記的框架，有相當多大家感興趣的內容。

在 Hatena 匿名日記裡，有許多用本名說不出口的匿名告發，或是不好意思開口發問的問題等。我偶爾也會在上面發表一些不好意思用本名發表的內容。

增田裡的文章很容易被標註在 Hatena Bookmark 的書籤軟體上，因此不時會在網路上大為流傳。

「發言小町」的使用者大多是家庭主婦，內容主要和家庭煩惱、教養困擾或和鄰居之間的往來煩惱等相關。每個主題都有許多人留言迴響。**如果是關於家庭或人生等意見想法，或許可以試著在這裡發表也不錯。**

其他還有像是「Yahoo! 知惠袋」等匿名的線上問答平台。

順帶一題，關於這類網路平台的匿名性，雖然平台的營運者握有這些所有內容，但基本上都不會外洩。因為如果是內容會外洩的匿名平台，根本不會有人想使用。

只不過，如果是與犯罪相關就另當別論了。匿名不表示就可以什麼都寫。就算是保密性再高的匿名機制，只要涉及犯罪預告等行為，警察一樣會採取行動加以逮捕。這一點請特別注意。

我一直都是用「pha」的暱稱在網路上發言（pha是我一開始架設部落格時用的ID帳號），盡可能不用真實姓名。這是因為我希望可以將網路世界和現實世界做區分。

如果用真實姓名在網路上發言，當提到「開會好累」、「上司真是豬頭」或「今天的牙醫技術真爛」時，可能會被對方發現而惹上麻煩。於是到最後變得只能寫一些正面的事。

網路世界之所以有趣，就是因為可以表現出平時無法表露的一面，或是說出不能說的想法。既然如此，如果是頻繁使用網路的人，建議最好還是使用暱稱或匿名。

輸出技巧2

「紙和筆記」的活用術（複雜輸出法）

輸出的三個階段

前述內容中已經介紹過利用網路不斷「簡易輸出」的方法。

接下來要針對「複雜輸出」的方法做說明。也就是工作上的靈感、長篇大論或大型創作等「可以給人看的、內容紮實的輸出」。

這也是我在寫作或撰寫較嚴謹的長篇文章時會用到的方法。

首先，大腦的輸出可以分為以下三個階段：

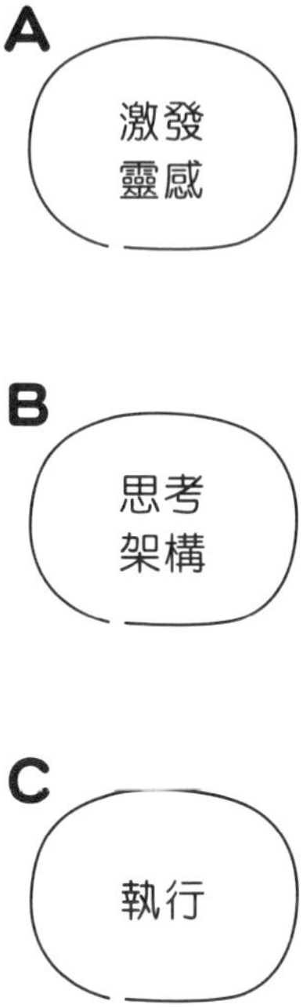

「簡易輸出」只需要把想到的東西隨手寫出來就好，不必經過這三個階段的縝密思考。

不過，在進行某種程度上來說較完整紮實的「複雜輸出」時，**整個過程會拉長，因此分成階段性來思考會更有助於大腦的整理。**

對於這三個階段，請各位盡量做好明顯的區分，並獨立進行。

例如在激發靈感的階段，就不要思考架構如何處理或如何執行等問題。思考架構時也是一樣，不要去想靈感或執行的事。

將「複雜輸出」的過程做階段性區分的好處有以下兩點：

第一，**可以讓自己完全專注在當下的過程**。

一旦想到其他階段，就無法投入在當下的過程。各位可以想像成其他階段的工作有其他人會做，自己無須煩惱。只是實際上那個人就是過去和未來的自己而已。

另一個好處是，**透過將過程做切割區分，成果自然會展現客觀性且易於瞭解**。

在進行A的作業時，先想像接下來B的作業是由完全不認識的人來接著做。也就是把明天的自己當成陌生人。這麼一來，就必須把A做到連完全不認識的人看了也瞭解的程度。如果覺得「反正做的人都是我自己」，態度就會變得隨便，結果做出只有自己才懂的自以為是的內容。

如果將過程分開，每一個階段都做到下一個接手的他人看了也瞭解的地步，最終的輸出成果就會是個客觀且淺顯易懂的作品。

運用「獨自腦力激盪法」

接下來，我想先針對「A激發靈感」做說明。在這裡我要介紹各位一種名叫「獨自腦力激盪」的方法。

當覺得自己「想不到什麼好點子」時，很多時候都只是靈感太少罷了。現在大家看到的「好點子」，都不是毫不費力就瞬間乍現的東西。**好的點子在誕生之前，都必須先有許多發想，再經過不斷的實驗修正，最後才得以完成。**不費吹灰之力就能想出好點子的天才，根本就不存在。

這種一步一步紮實的過程，有人或許會覺得麻煩。或者應該是說，這的確相當麻煩。不過換個角度想，只要先不斷拋出靈感，想法就會一步一步愈臻成熟，最後順利達到目標。

與其茫然地等待「靈光乍現」發生，只要腳踏實地不斷實驗修正，事情就會愈來愈順利。這麼想感覺就輕鬆多了。

激發靈感經常會用到的方法之一，就是「大腦激盪法」（Brainstorming）。常見的大腦激盪法過程如下：

大腦激盪法

- 大家一起拋出各自想到的點子
- 以先拋出許多點子為目標
- 不針對這些點子評斷好壞
- 即便是沒有意義的想法，也無須顧慮太多，儘管拋出來便是總之就是先拋出大量的想法，**好壞與否等到下一個階段再一一評斷**。

我經常自己一個人進行這種大腦激盪法。

一個人的進行方式為，先攤開一大張白紙，在中間寫下要思考的主題。接著，在旁邊一一寫下從主題聯想到的詞彙和想法。

這個方法是我從作家中島羅門身上學來的，也受到一些**「心智圖」**（Mind Map）的影響。有興趣的人可以自行搜尋參考。

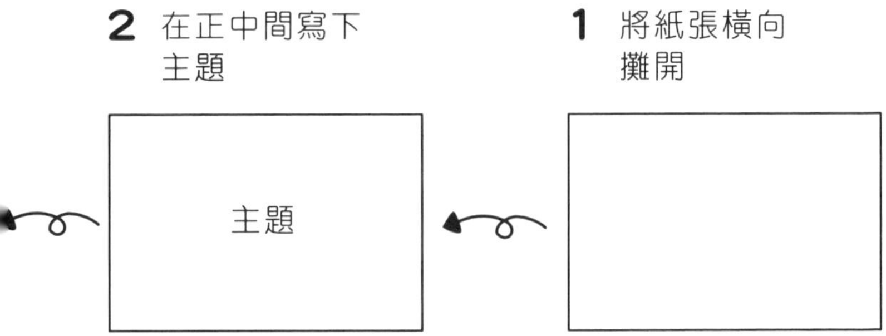

紙愈大張愈好

關於這種獨自大腦激盪法的訣竅，我通常會注意以下兩點：

- ・**盡可能使用大張的紙（或筆記本）**
- ・**將紙張擺成橫向使用**

激發靈感時所用的紙張要愈大愈好。

有句話說：**「當你手上拿著榔頭，所有東西看起來都會像釘子。」**（If all you have is a hammer, everything looks like a nail.）意思是人的思考和行為，會受到手上工具的影響。

人的思考和行為，其實相當容易受到工具

3 在主題的周圍寫下想到的內容

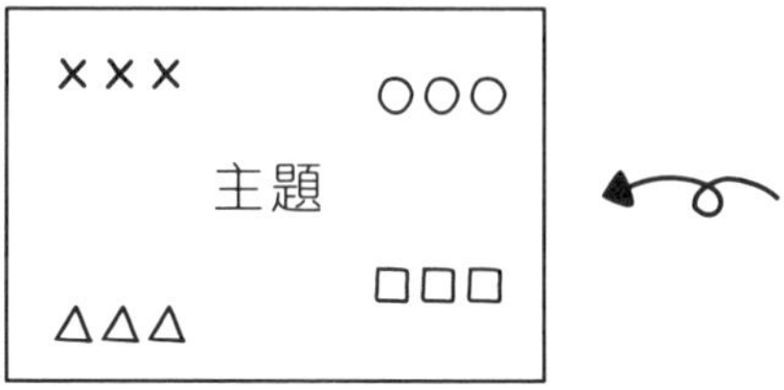

影響。如果眼前放的是小紙張，就只會想出塞得下小紙張的少許靈感。如果是大張的紙，發想就會不斷延伸擴展，甚至到連自己都沒想過的地步。

所以，如果想激發更多靈感，最好使用大張的紙。

讓靈感往「橫向」擴展

接下來，激發靈感的紙張最好擺成橫向使用。

理由之一是人的視野本來就是橫長向的，**橫向空間較大，對人來說，自然易放鬆而不會感到緊張。**

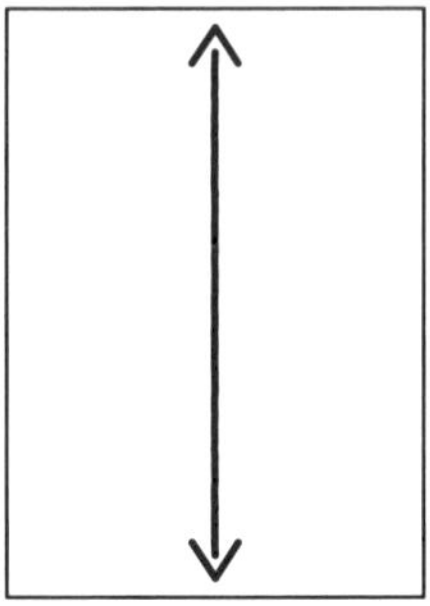

上下長度

適合用來表現
「順序」等關係

---▶ 適合用來整理
待辦事項等

另一個理由是，比起縱長的紙，橫長的紙比較**有助於靈感的擴展和深入**。

以人的空間認知來說，上下方向和左右方向具有不同的意涵。

人對於上下方向會容易聯想到順序或階級，左右方向則是符合並列和多元的概念。

也就是說，一般人會覺得「上比下更厲害」、「左和右是對等而性質不同的概念，沒有上下關係」，並習慣用這種直覺去看待事物。

如果想激發更多靈感，就必須重視多元性，因此最好以左右方向為優先。所以，在激發更多靈感時，請記得將紙張擺成橫

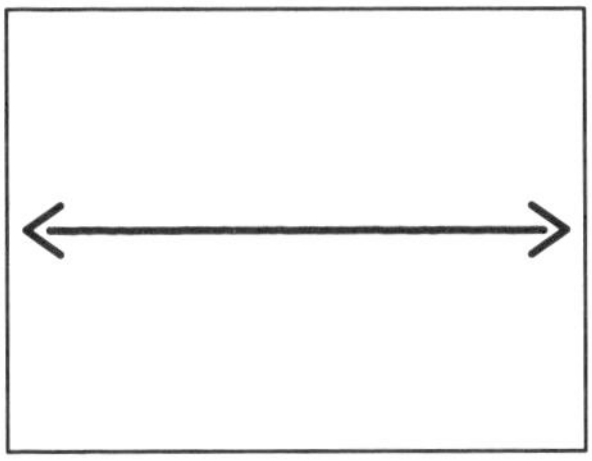

左右寬度

適合用來表現
「多元性」等關係

---▶ 適合用來激發
靈感等

向使用。

因為紙張的左右寬度，會直接反映在發想的多元性上。

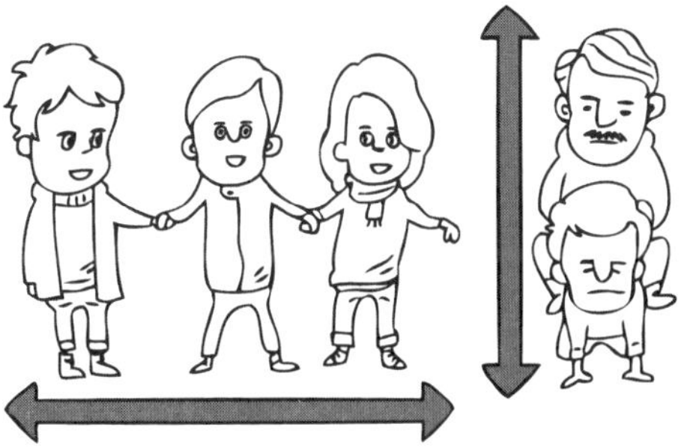

透過群組的方式來「架構」

接下來終於要進入「B架構」和「C實行」的階段了。

如果以畫圖來比喻，B就是打草稿，C就是上線。**B階段要進行的是思考概略的設計，然後在C階段將設計落實。**

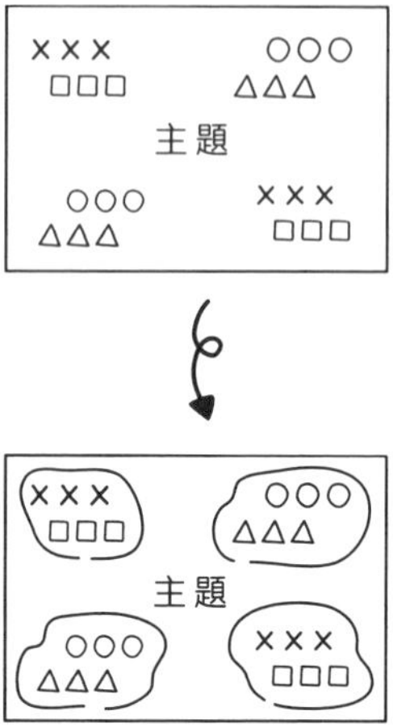

凌亂的發想…

整理成群組

在「B架構」的階段，要針對A階段提出的眾多靈感做篩選。

也就是決定要使用哪一個、將哪些做搭配組合、彼此之間的順序關係又是如何等。

關於我寫文章的方法，首先我會先瀏覽筆記本裡的眾多零碎想法，從中把或許用得到的部分，用色筆圈起來。

想像完成圖

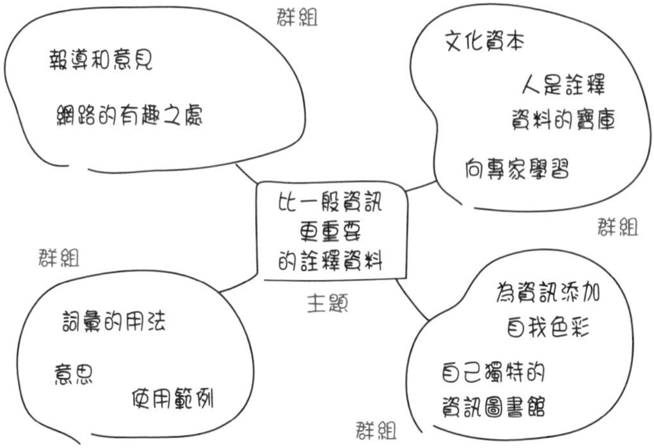

接著，再從這些可以使用的想法當中，將類似或相關的概念放在一起，歸納成好幾個群組（文字塊）。

等到整理出三、四個群組之後，再開始思考這些想法該如何依序說明才符合文章的流暢性。

等到大致決定好「文章的起頭方式」、「群組的排列順序」、「最終的結尾方式」之後，整篇文章的架構就算完成了。

順帶一提，文章的開頭和結尾的部分只要做得好，中間就算只是隨便放一些雜亂的內容，意外地也沒有人會覺得不對勁。

「執行」只需要機械式地套入

只要依照以上方式在B的階段決定好輸出內容和順序，在「C執行」的階段就只要把東西轉換成真正的文章就好，不太需要思考或感到迷惑。

換言之，在「C執行」的階段，就是把在「B架構」的階段決定的內容，實際寫成文章。

這個階段最重要的重點，就是「不要一開始就寫得過於完整」。**先把整篇文章從頭到尾寫出來，至於內容的完整性，大概只要達到五至七成就好**。等到接下來再反覆檢視、慢慢修改。

我在寫文章時總是會提醒自己：「整篇大略完成之後，還要有三次的修改空間。」

透過不斷反覆檢視，整篇文章的完整性會從65%→85%→92%→95%

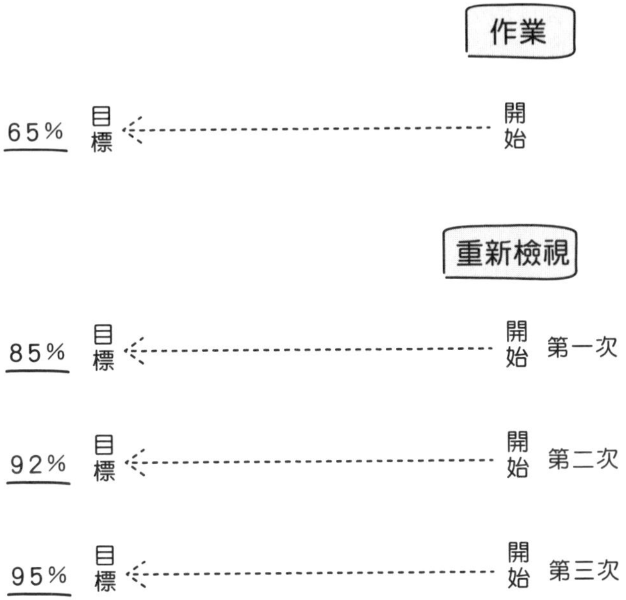

先完成文章，接下來再慢慢修改！

地逐漸提升。

愈到後來修改的部分會愈少，所以完整性的提升幅度也會愈來愈小。

有人可能會覺得這種一步步慢慢推敲的方式太麻煩，不過我反而很喜歡。對我來說，這或許是整個寫作過程中最快樂的階段。

在反覆檢視的過程中，很重要的一點是必須「從他人的角度來看自己的文章」。

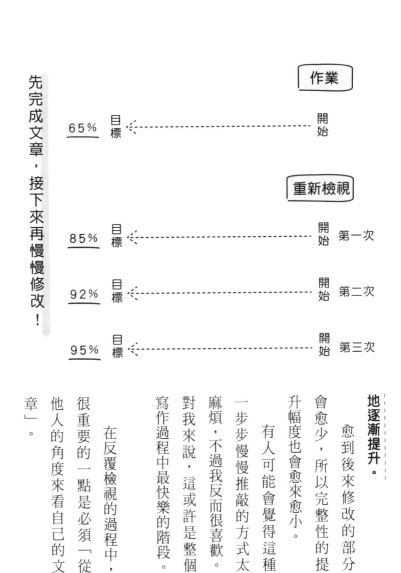

做法是先稍作休息，暫時把完成的文章完全忘記，之後再回過頭來重讀。以此方式反覆進行。或者也可以先睡一覺，等到隔日再重新回頭看。

「改變看文章的裝置」，也是一種以他人的角度檢視自我作品很有效的方法。

我平時都是用電腦寫作，不過，當我將文章列印出來重讀時，經常會發現在電腦上沒有發覺的錯誤。

實際上大腦研究也發現，透過光（螢幕）或是反射光（紙）等不同方式來看東西，大腦會產生不同的作用。一般認為看紙本的時候，大腦的資訊處理能力相對會比較好。

所以，重要的文章我一定會列印出來檢查。

另外，將文章放在雲端上，隨時隨地要瀏覽都很方便，因此我外出時也會透過手機來檢視自己的文章。例如在公園等戶外空間，可以用和平時不同的放鬆心情來看文章，也是一種不錯的方法。

文字的推敲雖然很有趣，但如果太吹毛求疵，文章永遠都無法完成。一旦對這個過程漸漸感到疲憊，就會完全不知道究竟是這種寫法好、還是那種寫法比較恰當。

為了避免這種狀況，一旦覺得差不多完成了，馬上就要停止繼續推敲。這一點非常重要。文章不可能百分之百完美，所以最好還是放棄這個目標。

只要完成九成以上、覺得再修改也不多時，就要乾脆地收手。

在最後的修飾階段要做的，就是將文章重新讀過一遍，針對句子不太通順的地方稍微調整，或是把太冗長的句子改掉即可。

以木工來比喻，就像把木材表面磨得更光滑，讓摸起來的觸感更舒服。到這個階段，文章就算完成了。

我只有在面對重要的工作或感興趣的主題時，才會用這種不斷反覆檢視修改的方式來寫作。**平時寫部落格或推特，文章的完整度只要達到約五成，我就會發表了。**

網路的好處就在於，發表之後可以再修改或刪除。

在網頁設計的領域中，甚至有一種做法是「網站只要完成一半就先上線」。這是出手之後還能再不斷增加或修改的網路特有的一種做法。這種做法是因為由於會有一些不曉得實際上是否該公開的東西，所以總之先在網站只是初步完成的階段就先上線，藉此觀察大家的反應。這也是一種不錯的方法。

輸出技巧3

進一步提升輸出技巧的方法

上述內容針對「簡易輸出」和「複雜輸出」做了說明。接下來我要跟各位介紹進一步提升輸出技巧的五種方法。

方法1 先模仿再說

想必有很多人在面對創作時，都是毫無頭緒。這種時候，只要模仿他人的作品就好。

我在寫作時，大多時候都會先思考**「這一次要模仿誰好呢」**？

模仿並不是什麼壞事。

這就像樂團新手在創團時，都會先從模仿既有的樂團開始。因為無論是誰，一開始就要交出原創作品是不可能的，一定都是先模仿現有的東西。

再說，「這世上是否真的有完全原創的東西？」也是個問題。無論任何一項作品，一定都會受到其他現有作品的影響。

任何人都無法從「無」開始創作，所有東西都是受到之前某些作品影響的綜合體。以這種角度來思考，自然就不會視模仿他人作品為一件壞事。

既然如此，當自己在輸出時，該模仿什麼才好呢？

這世上有許多有趣的書籍和文章，其中一定會有某些類型的文章讓自己感同身受，例如「我懂它要表達的意思」、「感覺這好適合我」、「這個作者跟我意見相同」等。

也就是說，這些書的作者，和自己的大腦類型是相似的。**因爲對於事物的**

思考和感受等大腦的運作方式和自己類似，所以強烈感到「認同」。這類型的作品，模仿起來就容易多了。

總之就是先不斷大量地多方閱讀接觸，增加大腦的輸入，然後試著將這些東西分成以下兩大類：

1 雖然很精采，但難以想像如何才能完成這麼棒的作品。
2 感覺符合自己的能力，或許自己也寫得出來。

這時候就只要模仿後者「和自己類型相似的人」就行了。

另外，大腦的分類方法有以下兩種：

1 擅長從頭開始慢慢依序理解的人。
2 必須先對整體有概念，才有辦法理解的人。

我自己就是屬於後者的類型。不管做任何事，都必須先做好整體計劃，才有辦法進行。找路時也是一樣，如果沒有先對照地圖把握方向和周遭環境，肯定會迷路。

相反的，有些人則是就算瞭解整體概念也沒用，比較擅長逐步進行。至於對方是否和自己是同樣類型的人，只要透過對談或閱讀文章，自然會知道答案。

其他的分類方式還有：

1 擅長以圖像來理解的人。
2 擅長透過文字來理解的人。
3 擅長透過聲音來理解的人。

根據每個人的大腦類型不同，適合模仿的對象也不一樣。各位不妨先思考自己是什麼類型的大腦，再進一步去尋找適合自己的模仿對象。

再回到模仿的話題。模仿他人的作品如果發生問題，大多是因為只針對單一作品模仿。

只要從不同出處分別截取少部分的內容模仿，例如「50%模仿A，30%模仿B，再分別從C和D截取10%來模仿」等，就會被視為是一種致敬作品，不會有太大的問題。

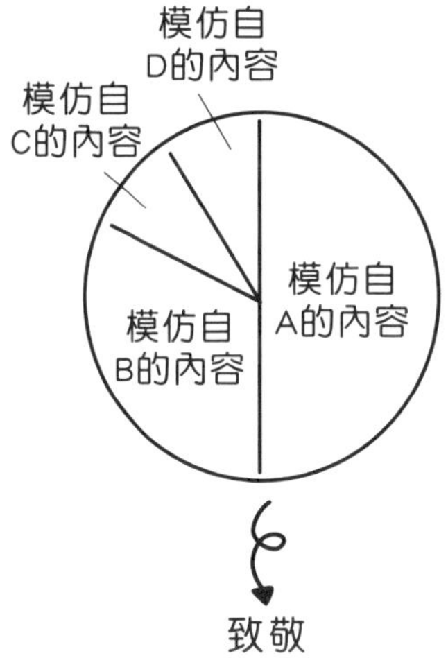

此外，將舊有的作品以現代風格重新改寫，使大家更容易理解，這種做法也不錯。這是一項必須由某些人來完成的工作。

模仿在一剛開始可能會顯得生硬

而笨拙。不過，只要漸漸熟練，**即便是模仿，也會多了自己的味道，最後讓人察覺不出原始作品的樣貌。**

順帶一提，開啟本書的寫作契機，是因為我讀了勝間和代所寫的一本關於學習的《年收入增加十倍的學習法》。讀完之後我開始思考，「我懂她要表達的意思，這想法和我很雷同，我也想試試寫這類型的題材」，於是模仿寫了這本書。

不過，後來寫著寫著，自己的想法愈來愈多，最後的成品已經和一開始的靈感來源差距甚遠。我的著作幾乎都是這樣。

雖然說是模仿，但為了避免老調重彈，很重要的一點是：**「要模仿文章的想法，而不是形式。」**

搖滾樂手甲本浩人曾經說過：「在翻唱他人的作品時，不要只是翻唱歌曲，而是要翻唱出歌曲的精神。」

也就是說，不是要模仿作品的表面特色，而是模仿作者的想法。

各位可以試著思考，如果現在作者就在眼前，他會怎麼說？又會寫些什麼？以這種方式模仿出來的作品，就能展現出不同於單純模仿的精采。

方法2　將筆記做分類使用

在前述「複雜輸出」當中，曾針對做筆記的方法做過說明。我平時會刻意將筆記本做區分使用，因此在這裡，我想進一步針對這種方法為各位做介紹。

首先，以「激發靈感專用筆記本」來說，我最常使用的是**「Project Paper」的B5方眼線圈筆記本**。空白筆記本固然也不錯，但方眼格式可以便於繪圖，無論橫放或直放都能使用。

有時候幹勁十足，靈感多到連B5的筆記本都不夠寫。

這種時候，我會使用更大一點的**「Mnemosyne」的A4空白筆記本**。這款筆記本質感較好，雖然平時不常使用，但用在想全力以赴的特殊時刻，會讓人更有鬥志，非常不錯。

激發靈感專用筆記本

1 「Project Paper」（B5・方眼）

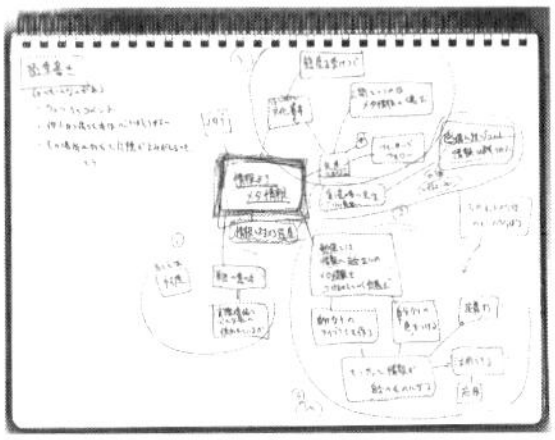

開本稍大，
適合平常使用

格線使用起來
非常方便！

2 「Mnemosyne」（A4・空白）

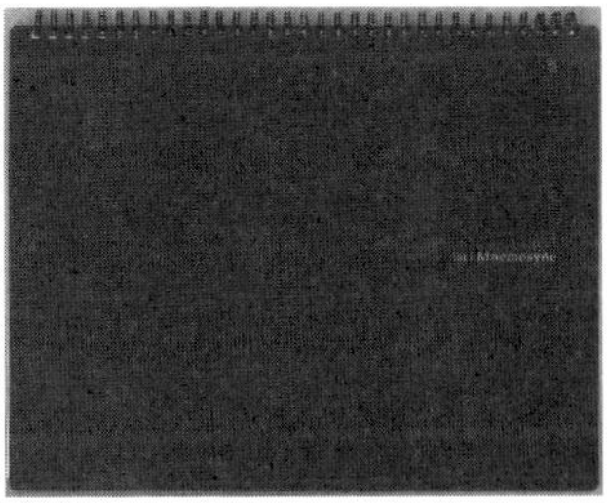

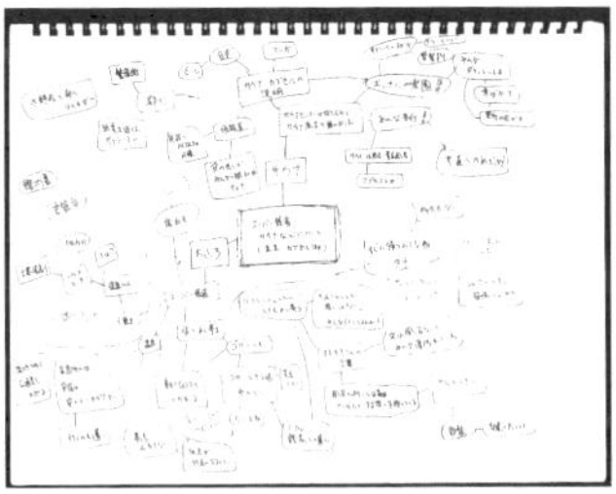

開本特別大，
用在充滿幹勁的時候

空間大，
可以激發出更多靈感！

另外，除了激發靈感之外，當我想一一完成該做的事情時，我也會準備一本「工作管理專用筆記本」。

和上述大開本的筆記本不同，這時候最好選擇開本較小的直式筆記本。使用方法為由上往下、一項一項完成該做的事。

關於工作管理專用筆記本，以隨處都買得到、方便入手的為最佳選擇。我最常使用的是**「無印良品」的A5橫線筆記本**。

不過，有時候會完全提不起勁，連A5筆記本都不想翻開。所以我另外會再準備一本只有記事本大小的筆記本。我最喜歡的是一款名叫**「測量野帳」**規格的商品，不僅精裝硬殼的封面更顯堅固，使用起來也很方便。有時候懶得用大筆記本時，小開本的筆記本多少能讓人提起勁來。

用來管理工作和進度的筆記本，和靈感專用的筆記本，兩者必須要分開。這一點非常重要。

整體來說，我經常使用的筆記本一共有兩本（靈感專用的〈大〉筆記

工作管理專用筆記本

1「無印良品雙線圈記事本」(A5・橫線)

開本稍小，
適合進度管理

從上至下依序完成工作
(詳細請參閱第3章)

2「測量野帳」(長160mm x寬91mm・方眼)

口袋大小的開本，
可隨身攜帶

封面堅硬，在外也能書寫，
非常方便！

本，和工作及日常雜記用的〈小〉筆記本），偶爾才用到的筆記本也有兩本（充滿幹勁時用的〈特大〉筆記本，和提不起勁時用的〈特小〉筆記本），共計為四本。

一直用同一本筆記本會讓人感到厭倦，額外準備一些偶爾會用到的筆記本，可以讓人比較不會感到厭煩。各位也可以依據自己當下的狀況和目的，區分使用不同的工具。

另外，我幾乎從來不曾從頭到尾用完一本筆記本，因為一直用同一本筆記本會讓我感到厭煩。有時候即便已經決定筆記本的用途，但寫著寫著卻漸漸偏離了一開始的想法和用途，不相干的內容愈來愈多，到最後完全模糊了主題。

這種時候，不如索性將重要的內容重新抄寫到別的地方，然後直接把筆記本丟了。像這樣定期整理筆記內容，也是不錯的一種方法。

方法3 激發靈感的「休息方法」

前述內容已經介紹過模仿的方法和做筆記的方法。不過，如果這樣還是沒有辦法順利激發出靈感，該如何是好？

答案就是，先休息再說。

我一直認為，**「愈是休息，愈能激發出靈感。」**

我的體力非常不好，很容易感到疲累，當大家一起在做事時，我總是不一會兒就坐下來休息或開溜，想辦法偷懶。

以前我會覺得自己很糟糕，但是現在我反而認為這或許是我的長處。

一般來說，**好的靈感都不是在努力的當下出現，而是在暫時停止思考而休息的時候突然乍現**。

體力好的人總是會勉強自己努力，於是不知不覺持續工作了好幾個小時都沒休息。這雖然也是一項優點，但是就「激發靈感」來說，我認為或許容易疲憊而不斷偷懶或休息，靈感反而會自然發生。

休息的訣竅只有一個。

那就是**「重新將思考的材料全部輸入大腦後再休息」**。

各位知道為什麼休息的時候，靈感會突然乍現嗎？

這是因為當大腦停止思考，或是處於睡眠狀態的時候，大腦的下意識會自動進行資訊處理。睡覺時會做夢，就是下意識在進行資訊處理的表現之一。

對於這種過程，我通常會想像成是「大腦裡住了一個小矮人，會在睡覺時主動為我工作」。

因此，為了讓小矮人可以做好工作，我會將所有重要的資訊先複習一遍，把材料全輸入大腦，然後再休息。這麼一來，靈感將更有可能發生。

腦科學研究顯示，比起剛學會的時候，學完稍微經過一段時間之後，學習的內容印象會更深刻。

這就稱為**「回憶的效果」**。這也是因為大腦的下意識已經針對腦中的資訊做了處理。

有時候當下覺得很棒的想法，到了隔天冷靜之後再看，卻意外地覺得無趣。這種經驗想必各位都曾經有過。

因此很重要的一點是，先將想到的點子暫時拋在腦後，到了隔天再以他人的角度重新審視。

突然乍現的靈感也是，不要急著馬上發表，先經過一兩晚的沉澱之後再重新檢視，通常都會發現可以修改得更完美的地方。

記住，靈感就像起司和紅酒一樣，會「愈陳愈香」。

另外，關於最容易產生靈感的地點，一直以來都有一種所謂「3B」的說法。

3B

Bed
（床上）

Bath
（浴室）

Bus
（公車上）

我最常激發靈感的時刻則是「睡覺時」、「泡澡時」和「走路、移動中」。當靈感枯竭、想不到任何點子的時候，只要散散步或泡個澡，馬上就會突然冒出好點子。

遇到煩惱而不知道如何解決時也是，只要先睡一覺再重新思考，意外地很快就能找到突破困境的方法。

當頭腦打結時，不妨多多休息，讓大腦重新開機，而不是一直抱著問題空煩惱。

方法4 練習的兩大類

很多時候就算想試著輸出些什麼，卻總是不順利。其實每個人一開始都是這樣，這是理所當然的現象。

無論任何事，要想變得熟練，到最後方法就只有不斷反覆練習。

學習也好，運動也好，甚至就連玩電玩也是，所謂練習，就只有以下兩種：

1 **把不會的事情練到會。**

2 **把刻意做到的事情，練到下意識就能做到。**

無論做任何事，要想熟練，就只有這兩種方法。也就是說到頭來，只能不斷反覆對大腦做輸入。

透過反覆練習，大腦會學會原本不會的事，就連原本得努力去做才做得到的事，也能很自然地在短時間內辦到。

大腦的突觸（大腦用來傳遞資訊的神經迴路之間的連結）會隨著不斷作用而獲得強化，使神經迴路之間的傳遞變得愈來愈順暢。**而所謂的練習，就是透過不斷反覆運用特定的突觸，達到強化作用的一種行爲**。

將上述兩種練習套用到學習上就是：

1 **瞭解原本不瞭解的事物。**

2 **將原本只是瞭解的知識，變得能夠自由運用。**

知識不能只是知道就好，如果不能變成自己的東西自由運用，就毫無意義了。

輸入到大腦的東西不能只是記住，更重要的是要試著以輸入的內容為基礎，用自己的方式做各種思考，或是運用這些輸入試著做輸出。

透過不斷反覆進行，原本毫不熟悉的知識，會不知不覺變得愈來愈熟練，成為如自己的手腳般可自由運用的道具。這就是把原本單純的「知識」，變成可以實際運用的「智慧」。

所謂「當成如同自己的手腳般自由運用」，意思並不是非得將輸入的內容完全死背下來。

相反的，過於細節的知識甚至忘了也無妨。**只要在必要的時候記得上哪裡找答案就行了**。

現在的時代，只要透過網路搜尋，任何資訊都能快速掌握。在以前的時代，博學多聞的人會被稱為「行動百科全書」。不過現在，記住瑣碎的知識已經沒有任何意義了。

比起瞭解瑣碎的知識，更重要的是掌握「針對資訊的資訊（詮釋資料）」，也就是知道如何找到需要的資訊。

各位在學習的時候，記得在大腦裡建立一份關於資訊的情報中心或是世界地圖。例如「這種事往這個方向搜尋就能找到答案」、「這種事問那個人最清楚」等。

最後，不斷反覆輸出，可以鍛鍊大腦的突觸。

這就像棒球練習不停地空揮棒一樣，突觸必須透過運用才能獲得鍛鍊。要想將知識或道具當成自己的手腳般自由運用，唯一的方法只能不斷反覆使用，直到身體習慣為止。

在做輸出時，千萬不要羞於將自己未成熟的作品與人分享。因為如果不與他人分享，很多不足光靠自己是無法發現的。

被譽為天才的人，幾乎都擁有非常驚人的大量輸出，其中當然不乏許多笨拙的作品。

各位也可以盡情地創作輸出，就算不是什麼了不起的作品也好。做任何事都一樣，這是讓自己變得更熟練的最快方法。

方法5 將想法轉換成文字

我在寫文章時經常都在想：「文章這種東西，終究只能寫對自己而言在某種程度上已經結束的東西，或是在某種程度上暫告一個段落的東西。」因為如果真的還在思考當中，根本什麼都不瞭解，更別說是寫文章了。

「書寫」，也就是將想法轉換為語言進行說明的行為，不僅可以讓曖昧模糊的概念有了具體的形式，而且還能讓趨於完成的想法明確地畫下句點。

我在書寫時，大多是爲了對自己的想法做個了結。

學習也是一樣，在輸入新知識的階段，那些知識都還不屬於自己。一直要等到自己經過消化，可以用自己習慣的語言來說明的時候，才能算是瞭解。所謂轉換成文字，其實就是把它變成自己的東西。

語言是用來掌握這個過度複雜的世界的武器。

夏天覺得很熱的時候，有些人會主張「說『好熱』感覺會更熱，所以每說一次，就要罰一百圓」。其實這種說法並不對。

事實上說「好熱」，可以稍微減緩身體感受到的難受。

因為藉由說出「好熱」，可以確定「身體現在感覺到的難受，是因為『熱』的緣故」。人類這種生物，只要可以確認原因，就會多少感到放心。

爲問題命名，是處理問題的第一步。

與其「雖然不知道為什麼，但總覺得很難受」，知道自己是「因為○○的關係，所以感到難受」，不僅會比較輕鬆，也可以進一步思考具體的解決辦法。

如果對自己的想法不是很清楚，不妨就試著先轉換成語言表達吧。

有時候即便一開始無法順暢地表達，但藉由適當地說出口或寫出來，想法會愈來愈清晰完整。下回頭腦打結的時候，就試著寫出來或說出口吧。

column 2

我的寫作方法

以下我要為各位說明的是我自己平常寫書和部落格的方法。

很多時候，就算非寫不可，我還是會提不起勁而一天拖過一天。持續好幾天之後，慢慢地就會覺得是時候該振作了（但有時候完全不會這麼想）。這種時候，我會在推特上宣告「好，跟它拚了！」等自我激勵。

寫作時，我通常會選擇到家裡附近的咖啡店。因為家裡太亂了，會讓人感到煩躁。咖啡店如果人太多或位置太狹窄，都會阻礙寫作的進行。因此，關於哪間咖啡店哪個時段人比較少、環境是否舒適等，我事先都早已調查清楚。

一到咖啡店，點了飲料（偶爾還有輕食）之後入座。一開始的二十分鐘心情還沒靜下來，我會先上網隨便瀏覽，或是翻翻書報雜誌等。差不多過了二十分鐘之後，心情已經漸漸平靜，這時候才開始寫作。

我在寫作時會聽音樂。聽音樂對我來說，代表正處於工作狀態。我通常會選擇「歌詞盡量愈少愈好的音樂」。當我想一鼓作氣全心投入工作時，一定都會聽 Date Course Pentagon Royal Garden 的〈Report from Iron Mountain〉。

等到寫得愈來愈起勁，有時候我會脫掉鞋子，雙腳盤坐在椅子上。身體配合著音樂輕輕擺動，手指在鍵盤上一刻不停歇地敲出文字。這一刻，感覺非常舒服。

寫了差不多一個小時之後，專注力也耗盡了。人類可以真正進入專注狀態的極限，應該差不多就是這麼久了。專注力耗盡之後，我會起身回家，做些不需要用到大腦的事，例如吃東西或散步，讓大腦休息。這就是我寫作大致的方式。

第 3 章

打敗惰性的
提升幹勁與
進度安排的技巧

CHAPTER3

提升幹勁與進度安排的技巧1

打敗惰性的方法

方法1 語言化

在面對學習或工作時，有時候雖然知道非做不可，卻還是提不起勁。這種心情應該每個人都曾經有過吧。我也經常這樣。這是因為人的天性本來就是懶惰又怕麻煩。

但是，人生只要活著的一天，就得一直面對各種非做不可的事。這也無可奈何，不如就放棄掙扎吧。

如果事情雖然非做不可，可是卻完全提不起勁，這時候該怎麼辦呢？

每當提不起勁時，我就會在推特上發文，例如「好懶喔」、「不想動」、「今

天pass」等。

這是因為藉由把心情轉換成「好累」、「做不到」等文字，懶惰和缺乏鬥志的心情會隨著轉移到文字上，感覺就會變得稍微輕鬆一點。

這就像在序章的方法2提到的，無論任何時候，語言化都是解決問題的第一步。

和他人傾訴煩惱的時候，即便沒有得到什麼解決方法，但光是聊一聊，心情就會輕鬆不少。這全都是因為聊天本身的效果。只要可以將問題用正確的語言表達出來，差不多就等於解決一半了。

所以很重要的一點是，**發懶的時候不要顧慮太多，就大大方方地把懶惰說出口吧**。

有些人會說：「懶得做事的時候，推特反而發文發得更勤。」不過仔細想想，真的懶到底的時候，其實連寫出來都懶。

這種感覺就像從懶惰中恢復振作到某個程度，好不容易終於可以把發懶的心情說出口，並且藉由說出口，更快讓自己完全恢復。因為語言化具有終結對象的作用。

方法2　改變姿勢

第二種方法是我自己經常會用的，「不管提不起勁，先坐到書桌前打開筆記本再說。」

身體的姿勢會影響到心情，所以只要坐到書桌前、打開筆記本，就能讓自己稍微更有幹勁。

大家一直都以為，是先有做事的幹勁，然後才付諸行動。不過腦科學研究發現，**事實上是先有行動，接著才會產生幹勁**（與大腦的伏隔核有關）。因此最好的方法，就是先改變場所或姿勢。

如果坐到書桌前都還提不起勁，不妨什麼都不要做，就這樣呆坐著放鬆

吧。假使連筆記本都懶得翻開，就只把筆記本準備好放著也沒關係。讓身體慢慢進入狀態，就像泡冷水澡一樣。

而且，還要讚美自己，給自己鼓勵。例如「今天雖然提不起勁，但已經努力坐到書桌前了，做得很好」。

當天雖然在學習上沒有任何收穫，但坐到書桌前的行為會在潛意識裡發酵，**默默一點一滴累積「幹勁值」，隔天就可以再比前一天更加努力**。

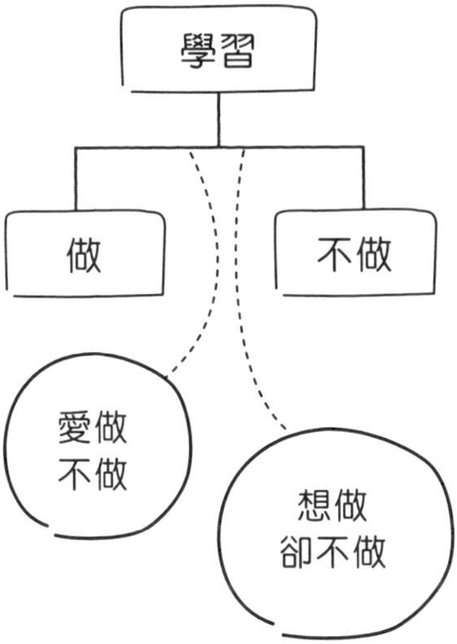

如果只給自己「努力學習」和「什麼都不做」兩種選擇，結果就只會有0或1兩種極端。這並非最好的選擇。

事實上，如果可以在這兩者之間加入「愛做不做」或「想做卻不做」的選擇，壓力就比較不會那麼大。

就算是愛做不做，也比什麼都不做好。提不起勁的時候，這樣也不錯，絕對不會只是在白費力氣。

方法3　標註日期

不管寫什麼都好，活動手指也能幫助產生幹勁。例如在筆記本上隨便畫畫，或是隨筆亂寫「好懶，什麼都不想做」等。

另外，當事情毫無進展時，可以先在筆記本或便箋上寫上當天的日期。藉由活動手指標註日期，可以稍稍啟動認真做事的開關。

而且，**寫上日期也可以客觀掌握自己的狀況。例如努力做事幾天、發懶拖延了幾天等**。

以左頁的圖示為例，如果已經連續三天都寫下不想做事的心情，到了第四天，肯定會覺得「差不多該動起來了」。

就利用這種方法慢慢激勵自己，讓自己漸漸習慣坐到書桌前吧。

27日
差不多該動起來了
26日
今天也不想動
25日
什麼都不想做
24日
好懶

方法4 花錢

如果以上方法還是提不起勁，我會將要學習的內容列印出來，拿在手上或放在臉上磨蹭，或是好好地摺好。

透過身體的觸感和重量，可以讓自己稍微產生幹勁或好感。

懶得回信時，我也會把信件列印出來。

比起在螢幕上看，在紙上看或拿在手上，更能讓人產生幹勁。可見身體上的感覺非常重要。

真的懶到什麼事都不想做的時候，我也會拿著筆電和列印出來的信件，到咖啡店裡專心回信。

只為了回信而特地到咖啡店，甚至還花錢買飲料。都做到這種地步了，肯定會提起精神，告訴自己非振作不可。

花錢會讓人產生「得做點什麼才不會白花錢」的心情。所以，如果怎樣都提不起勁時，就試著花點錢吧。

方法5 思考死亡

想到死，也是激勵自己的一種方法。人只要面對死亡，就會產生幹勁。

一旦想到**「如果只剩三個月的生命，我要做什麼？」**，自然不會再整天打混、虛度光陰。就像序章的方法4提過的，比起沒有期限的時間，有限的時間更能讓人產生幹勁。

不過再仔細想想，每個人到最後都會死，所以對任何人來說，時間都是有限的。

但是，人是愚蠢的動物，沒有逼近死亡，通常都不會意識到死的問題。

每個人都是被判處死刑緩期執行的死囚。

我不時會閱讀山田風太郎的《人間臨終圖卷》。這是一本以享年排序、記錄人的臨終模樣的書。我會藉由閱讀這本書，讓自己定期思考關於死亡的問題。**看到在自己現在的年紀就死去的人臨終前的種種，我不禁會思考：「既然有幸還活在這個世上，我該做點什麼呢？」**

這時候，我也會難得來一根平常不太抽的香菸。大家都說抽菸是一種慢性自殺，但此刻，比起做了有礙健康的事而危害自

己生命的罪惡感，取而代之地，反而會覺得自己稍微變得更有幹勁。

以上是五個消除惰性的方法。

不過，如果這些方法都還不能讓自己提起幹勁，或許就要思考：「自己真的該做這件事嗎？」

這時候可以重新想想，「自己真的想做嗎？」「有必要做嗎？」「是不是受到誰的強迫呢？」「是否刻意告訴自己非做不可？」

在身心健康的狀態下，如果是真正想做的事，自然會想實際去做而開始行動。**假使怎樣都提不起勁，或許是因爲自己其實認爲「不做也沒關係」**。

相信大家都有經驗，對於自己喜歡的電玩遊戲、偶像或樂手等，雖然沒有人強迫，但就是會主動想知道相關訊息。對學習來說，這種心態是效率最好的時候。請各位一定要謹記這時候的「感覺」，讓它在學習中重現。

提升幹勁與進度安排的技巧2

起跑衝刺的方法

將自己的「缺點」納入考量

很多人做事容易落後進度，與其說是能力不好，很多時候其實是「標準太高」。

容易落後進度的人，通常都是以自己狀態最好、過程中不會發生任何意外的情況為標準來安排進度。

但是，人的狀態每天都不一樣，預期之外的意外更是隨時都會發生。

所以，在訂定計畫時很重要的一點是，也必須考量到「自己沒什麼毅力，到了這時候應該會提不起勁、拖拖拉拉個兩三天」等情況。

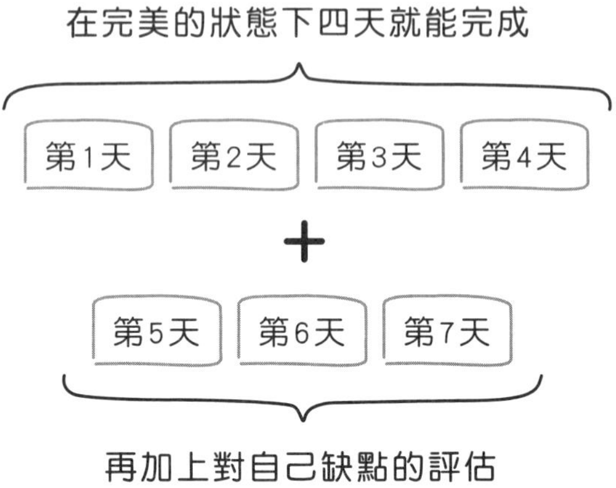

我雖然經常把「好懶」、「不想動」掛在嘴邊，但絕對會嚴守期限和計畫。

有時候在決定期限時，雖然會覺得「自己會試著努力去做，但這個時間可能有點勉強」。不過實際進行後，大概都可以在期限之前完成。

這種情況與其說自己很努力，我認為其實是因為低估了自己，也就是**習慣把自己的缺點看得很重**。

我的體力、耐心和穩定性，都比其他人要來得低，很容易疲累，對任何事很快就感到厭倦。

所以在訂定計畫的時候，我總是會替自己多預留一點時間。

面對工作或出遊邀約也是，我大多會以「我有空，可是我沒有體力，而且也很懶」為由而婉拒。雖然因此少了許多收入和人際關係，但我認為這也無可奈何，因為這就是自己的極限了。

嚴守進度最重要的不是快速完成工作的能力，而是坦然勇敢承認自己真正的缺點。

把自己看得比實際要來得更糟，這麼做不但可以從容面對計畫，也可以在他人面前塑造出謙虛的形象，一舉兩得。

找出敵人的「軟弱」

如果覺得「雖然有很多事得做，但就是提不起勁……」，這時候就從最輕鬆的地方下手吧。也就是像電玩遊戲一樣，找出敵人（非做不可的事）最軟弱的地方。

再怎麼強勁的敵人，也一定都有弱點。就像在電玩或漫畫裡經常可以看到

「這個怪獸外表雖然有堅硬的鱗甲覆蓋，但唯獨腋下沒有鱗甲保護，朝那裡攻擊就對了」等設定，找出這個部分就對了。

在以國中校園為舞台的漫畫《暗殺教室》當中，將學生面對期中和期末考解題的過程，比喻成找出電玩裡不斷出現的怪獸的弱點並一一擊敗。這種比喻非常有趣，用這種心態面對學習，肯定很快樂。

具體來說，最軟弱通常也就是最容易下手的部分。

換言之就是，雖然什麼都不想做，但比起其他部分，感覺多少會比較想做的部分。

如果有很多事要做，通常不太可能全部都不想做。在不想做的程度上，一定會有差別。

所以，**就先從不想做的程度還算不嚴重的部分開始著手，程度較嚴重的，就等到最後再做**。

一旦完成最容易下手的部分，就先稍作休息。接著，再從剩餘當中找出最容易的部分去做。以這種方式不斷反覆進行。任何問題，大概只要拆解成小部分一步一步解決，都沒有什麼大不了的。

一步一步解決之後，最後剩的就是怎樣都提不起勁、不想面對的部分。這時候就想辦法耐著性子，告訴自己「只要把這個完成，一切就結束了……」。用這種方式把事情完成。

遲遲不行動，永遠不會產生幹勁。不過，只要稍微採取行動，就能一鼓作氣一步步完成。

因此，與其覺得什麼都不想做而停滯不前，不如就從最輕鬆的部分開始下手，就算偷懶地做也好，一步步慢慢完成吧。

如果覺得「怎麼也找不到該從何著手……放棄算了」，這是因為視野太狹隘的緣故。不妨稍作休息，去散散步、吃個東西或泡個澡，休息一下再思考。

基本上，這世上沒有解決不了的問題。只不過，如果和敵人距離太近，就無法完整掌握對方的全貌，因而覺得對方看起來猶如堅不可摧的巨大高牆。

這種時候，**只要稍微拉開距離，從較遠的地方審視，很容易就能找到線索，例如：「這個問題是這樣嗎」、「這傢伙的弱點在這裡」、「應該可以從這裡下手」等**。

當頭腦打結時，先休息一下，做個深呼吸，以放鬆的心情再回過頭來思考問題，應該自然就能找到容易下手的部分了。

把該做的事列成「清單」

在前述 184 頁已針對筆記的方式做過說明。接下來在這裡，我想針對「工作管理」進行說明。

在開始工作之前，不妨先把非做不可的事全部寫出來，列成清單。

例如思考完成A工作必須做什麼？

假設要完成A必須做B和C，而B又需要做到E和F，C則需要做到G、H和I……像這樣一步步思考，就能將工作不斷細分。

一開始要做的，就是將這些必要的工作全部列出來，思考如何依序進行才能完成整件工作。

如同在序章的方法2提到的，只要把非做不可的事全部一一列出來，幾乎就完成三分之一的工作了。

因為接下來就不用想太多，只要專心一一完成清單上的工作就行了。

老老實實地一步一步去做，就能完成工作。

如果一開始沒有先思考整理該做什麼就直接去做，過程中就會邊做邊疑惑「這真的有必要嗎」「接下來要做什麼」，導致效率不佳。

最好的方式是，把「訂定計畫的階段」和「實行階段」明確做區分，先想清楚所有要做的事，然後再著手進行。

先在筆記本上把要做的事全部寫出來，列成清單。實際進行時如果不知道下一步該做什麼，就只要看清單。

只要寫下來，之後就不需要思考自己該做什麼，也不用花費力氣去記，對大腦也比較輕鬆。這就是工作的第一步。

列出清單之後，接下來就是決定如何進行了。

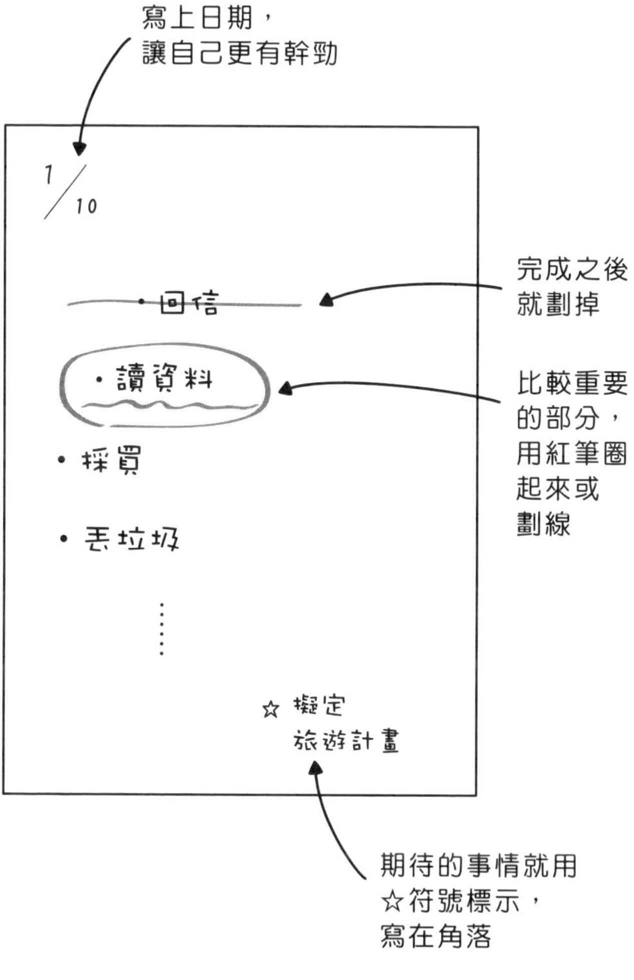
寫上日期，
讓自己更有幹勁
1/10
・回信
・讀資料
・採買
・丟垃圾
☆擬定
旅遊計畫
完成之後
就劃掉
比較重要
的部分，
用紅筆圈
起來或
劃線
期待的事情就用
☆符號標示，
寫在角落

提升幹勁與進度安排的技巧3

月曆管理法

把進度分成「三」個階段

一般來說，做事之前都會先訂定進度後再做。

舉例來說，假設有個工作要在二十天內完成。這時候，可以把進度分成「三」個階段。

之所以分成三個階段，**是因為「三」是對人類直覺來說最容易把握的數字**。

只要分成前期、中期、後期三個階段，就很容易記住。

雖然分成兩個階段也很容易理解，不過尤其是時間拉比較長的進度，如果只分成前、後兩個階段，中途很容易就會心生厭倦。但如果是該做的事情不多、時間只有約一個星期的進度，或許可以只分成前、後兩個階段也無妨。

分到四以上就很難一下子掌握整個狀況了。如果要分到四個階段以上，可以先分為前、後兩個階段，每一個階段再各自分成兩個階段。用這種方式比較好處理。

以長達二十天的進度來說，分成三個階段，每一個階段大約就是六天。多出來的兩天就當作是休息，或是用來調整亂掉的預定進度（所謂預定進度，絕大多數到最後都會亂掉）。

六天為一個階段還是稍嫌長了點，容易感到厭倦，所以可以再分為前、後兩個階段。

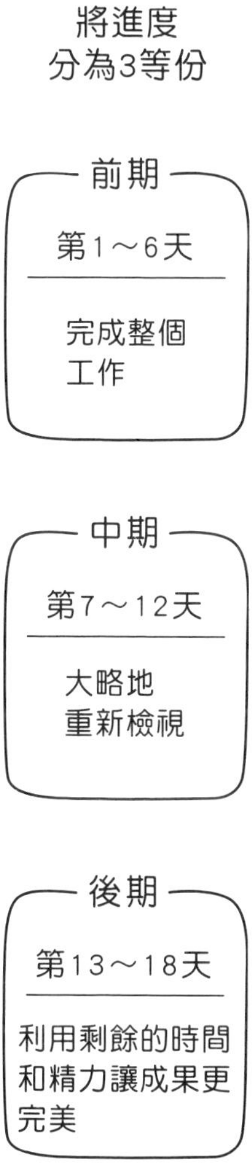
將進度分為3等份
前期
第1～6天
完成整個工作
中期
第7～12天
大略地重新檢視
後期
第13～18天
利用剩餘的時間和精力讓成果更完美

也就是先分為A、B、C三個階段，接著再各自分成A-1、A-2、B-1、B-2、C-1、C-2等。

針對進度做細分的好處在於，將進度細分成不同的工作，對當下的階段不必在意的部分就能全部拋在腦後，如此一來有助於提升對眼前工作的專注力。

例如在做A-1的工作時，可以稍微留意A-2的部分，不過對於B、C兩階段的工作，最好先全部從大腦中抹去。

人類大腦的容量有限，無須在意的事就先別往大腦裡塞，做起事來會比較順利。透過把工作完整列成清單、訂定進度，就能大膽地把當下不必要做的事全部拋在腦後。

所謂備用錄、筆記或預定表等，就是為了先忘記不必要的事，以便減輕大腦的負擔。

可以說任何學習都是如此，比起記在腦子裡，更重要的是忘記不必要的東西。透過這樣，可以更容易專注在眼前的事情上。

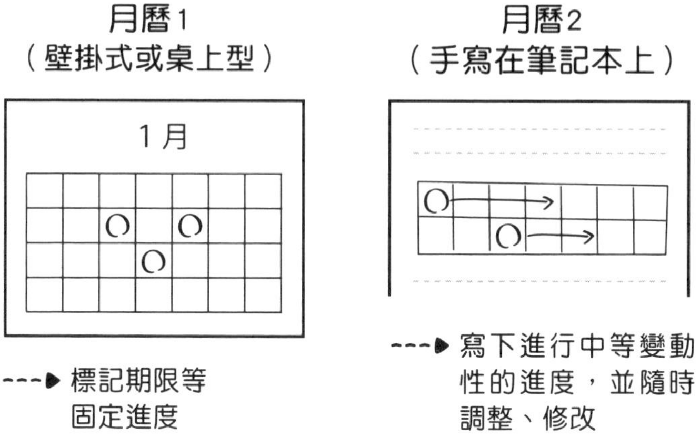
月曆1
（壁掛式或桌上型）
1月
標記期限等固定進度
月曆2
（手寫在筆記本上）
寫下進行中等變動性的進度，並隨時調整、修改

準備「兩」份月曆

訂定進度會需要用到月曆和預定表。關於這一點，我隨時都會準備兩份不同的月曆。

分別是用來標記期限或會議時間等固定日期的「月曆1」，以及用來記錄工作進度預定表等變動性進度的「月曆2」。

月曆1通常不太會修改，而月曆2則會因應狀況變化隨時做調整。

如果將這兩種不同的進度合併成一份月曆來管理，整體會變得雜亂而難以掌握，因此建議最好分開。

以我來說，「月曆1」通常會選擇壁掛式或 Google 日曆。「月曆2」則是自己在筆記本上畫表格使用。

之所以捨棄現有的月曆不用而自己畫，是因為這部分的月曆只需要一兩個星期的範圍。另一個原因是因為因應狀況不同，每相隔幾天就會頻繁地做調整或修改內容。

以作業方便來說，可以先在筆記本上畫出一到兩週左右附帶日期的表格，在表格裡一一填入預定進度，例如「幾日到幾日做A」、「還有時間的話，這段時間內也同時進行B」等。

工作狀況隨時都會有變動，因此「月曆2」會需要不斷調整。當工作進展比預定慢或快時，就必須隨之修改。

有時候狀況變化較大時，甚至會修改到兩天左右的進度。

即便沒有任何特殊狀況，一切都依照預定進度進行，最好也要每週一次重新檢視並做調整。因為太久沒有變動的備忘錄或進度，會漸漸不符現況而失去作用，連帶也會影響到工作幹勁。

隨時調整的另一個好處是，可以「透過不斷檢視工作的必要性，加深對整個工作的瞭解」。

不僅如此，人是容易厭倦的動物，偶爾大幅調整修改預定進度，也是提振幹勁的一種方法。

依序完成既定進度是一件相當無趣的事。如果只是要照著進度走，機器人也能辦到。可以依照心情改變要做什麼，這才是身為人的樂趣。況且，人永遠都會想做眼前以外的事。

提升幹勁與進度安排的技巧4

時間切割法

時間會愈切分愈多

比起沒有期限地一再拖延，有時間限制對人的生產力來說比較有幫助。因為時間會隨著不斷切割愈變愈多。

舉例來說，**比起「每工作三個小時休息三十分鐘」，「每工作一個小時休息十分鐘，反覆做三個循環」的做法，可以提升兩倍的工作效率**。

這當然也關係到人的專注力可以持續多久的問題，但另一個原因是，將時間做短塊切割，做起事來就比較不會拖拖拉拉。

另外，時間切割得愈多，大腦會告訴自己「休息之前先做到這裡吧」，因此提高了專注力而加快效率。

評論家山形浩生在《新教養主義宣言》當中提到：「如果一個禮拜只有六天，人類的生產力應該會變得更好。」

這是因為目前的社會大多習慣以週為單位來切割工作。

雖然如今要修改曆法很難，這個說法不太可能實現，但我認為這是個非常有趣的想法。

只不過，雖然說將時間切割成短塊很好，但如果是每十分鐘休息一次，這麼短的時間，恐怕無法讓人進入專注的狀態。

我認為最好的間隔是每四十分鐘到一個小時做一次休息。大概就像是學校的課堂安排一樣。

有一種工作方法稱爲「番茄工作法」（pomodoro technique）。

如同下頁圖示，將工作二十五分鐘休息五分鐘當成一個番茄，反覆進行四

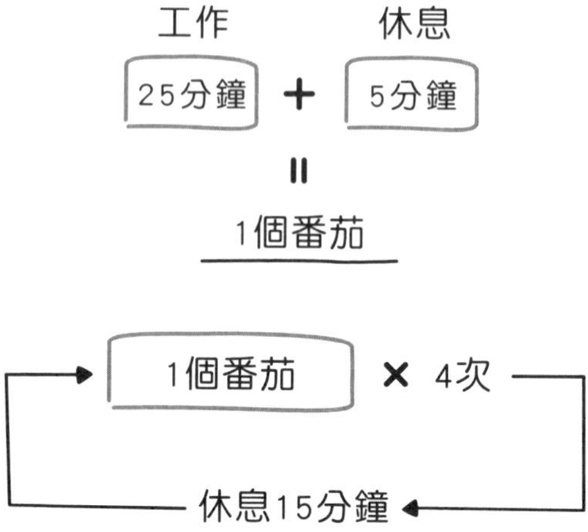

次之後再休息十五分鐘，以此為一個循環。進行時就以計時器來計量時間（也可以利用手機的計時功能）。

我自己並沒有直接使用這種番茄工作法，因為我覺得一次工作時間只有二十五分鐘太短了，所以我會將時間稍微拉長。除此之外，工作加休息只要反覆進行兩次，我就會感到厭煩，於是我會把休息時間調整為差不多三個小時。

雖然如此，不過我十分贊同「將時間做頻繁的切割」的觀點。

每個人專注的持久力不同，**各位不妨多多嘗試，找到適合自己的時間分配法。**

切割時間的其他方法還有很多。透過將時間做切割，可以知道「這樣的工作量，自己大概多久時間可以完成」、「自己差不多持續工作多久，生產力就會開始漸漸下降」等基準，連帶地對安排進度也會愈來愈順手。

各位也可以透過明確地將時間做切割，讓自己成為訂定進度的高手。

多準備幾個「轉換心情」的方法

上述內容提到「時間會愈切分愈多」。既然如此，實際上該怎麼做呢？工作之間的切割，最好的方法就是「睡覺」。

睡覺是一種小死亡。睡醒之後所有事情都能煥然一新，就連睡前頭腦打結，睡醒之後也能獲得某種程度的整理。

所以，我認為最理想的方式是配合工作間隔，一天差不多睡十次左右。不過很遺憾的是，人如果一天睡上十次，晚上就會睡不著而亂了生活步調。所以，最好多準備幾個睡覺以外、可以轉換心情的方法。

睡覺以外具有轉換心情作用的方法，就是吃東西和泡澡。不過，這兩者太過頻繁也會對身體造成影響，所以一天也只能進行幾次，很可惜。

我最常做的是散步。運動也可以。這些方法都可以在不使用大腦的情況下獲得身體的快感，因此可以讓大腦休息。

我也經常聽音樂。一張專輯大概是四十到六十分鐘的長度，正好適合用來作為切割時間的工具。

邊散步邊聽音樂，是我最愛用的心情轉換法。平常學習或工作時，我會聽沒有歌詞的音樂，或是聽不懂歌詞的西洋樂。休息的時候則是聽有歌詞的音樂。

另外像是使用線香或精油等香氣來轉換心情也不錯。

變換燈光也很有效。例如工作時用明亮的照明，休息時就將燈光調暗。

以休息的基本方法來說，由於學習時會使用到大腦，因此休息就必須在不使用大腦的情況下轉換心情。

所以，**音樂、燈光、味道、香氣等刺激五感就是最好的方法**。在序章的方法1提到的「類比比數位更好」，也可以套用在這個地方。

而最重要的，是先找出自己轉換心情的方法。

先找到「只要做這件事，心情就會變得不一樣」等喜歡的行為，作為自己專屬的「咒語」。

這麼一來就能更容易激發幹勁。以我來說，就是聽特別的曲子或是吃巧克力。

我的個性非常容易厭倦，專注力也不夠，無法長時間坐在書桌前。最長大概只能維持約一個小時，超過這個時間，大腦就會變得渾沌，感覺像是麻痺一樣。所以我每天會不停地散步，以逃避這種感覺。

過去我一直認為這全是因為我的耐心不夠所導致，覺得自己是個失敗的人。然而，在讀了關於大腦和記憶的書之後，才漸漸覺得這種做法或許沒有什麼不好。

如同前述，比起長時間的學習，反覆短時間的學習，反而更有助於記憶。

我因為好動又缺乏耐心，所以不知不覺間養成了反覆短時間學習的習慣。以結果來說，這不失為一件好事。

拖拖拉拉、愛做不做地長時間學習，事實上效率並不好。

所以，**只要稍微感到厭煩，不妨就闔上書本、筆記本或電腦等（比起開著不關，不時關閉可以更容易達到轉換心情的效果），將桌面整理乾淨，關掉房裡的燈光，暫時將大腦關機。**

偶爾試著放空大腦非常重要。各位也一起來嘗試這種不時反覆學習又休息的方法吧。

column 3

我容易厭倦的個性

我總覺得自己從小就很容易對一件事感到厭倦，沒有辦法持之以恆。做事的心情也不一定，有時候興致一來就充滿幹勁，有時候則完全提不起勁。為了掩飾自己的這種個性以適應社會生活，我想出了本書提到這些各式各樣的方法。不過，同時我也開始思考，「或許我根本就不適合社會生活？」

在農耕社會，一般人的普遍價值都認為必須每天不斷反覆地老實做著同樣的事。但是這對我來說實在做不到。相反的，在狩獵採集的社會中，捨棄一成不變的做法、經常尋求新的刺激而不斷採取行動的人，事情反而做得更好。於是我在想，像我這樣的人，雖然不適合現今社會，但或許是個適合狩獵採集社會的人。

以人類演化的歷史來看，我的這種想法也不是絲毫沒有根據。人類從六百萬年前就開始狩獵採集的生活型態，一直到約一萬年前才進入農耕社會。也就是說，人類應該還保有狩獵採集生活的基因。

生物的特性會隨著環境而淘汰或進化。但是，基因變化的速度卻相當緩慢，通常都需要花上幾十萬或幾百萬年的時間才能進化。然而，獲得文明和語言武器的人類，這一萬多年來在生活環境上的改變，實在快到讓基因難以趕上。就像人之所以容易發胖，也是因為過去人類經常處於饑餓狀態，於是身體構造容易囤積脂肪，以因應隨時發生的饑餓。換言之，我們之所以很難減重，絕對不是我們的錯。

不過，說了這麼多，我們還是得在現代社會求生存。對於不擅長重複一直做相同事情的人，或許可以找個適合自己個性、隨時充滿變數的生活方式（例如經常搬家或換工作等）。

附錄

知識漫畫指南

APPENDIX

看漫畫學「知識」

任何題材都能「漫畫化」的時代

我從以前就一直都是利用漫畫來學習各種知識。

但也不是什麼特別艱澀難懂的漫畫就是了。

舉例來說，我之所以會想讀宮澤賢治（〈不輸給雨〉以外）的詩，是因為看了《特攻之拓》（特攻の拓）這部以不良少年為題材的漫畫。漫畫中的瘋狂角色天羽時貞在打架時，口中總會唸著宮澤賢治的詩句「所謂我的這個現象，是一抹假設中的藍色照明」。這句話令我感到震撼，於是才去找了他的詩來讀。

另外，我在高中時曾經讀過本宮宏志的漫畫《如夢似幻》（夢幻の如く），內容描述織田信長並沒有死於本能寺之亂，最後甚至征服了全世界。如同本宮宏志的其他作品（如《上班族金太郎》〔サラリーマン金太郎〕等），這部漫畫充滿了許多痛快的內容，例如體魄強壯、個性豪邁、魅力不分男女的主角大聲斥喝吵架的情節等，讀起來並不難。

不過，透過這部漫畫，我學到了和織田信長同一個時代的還有中國的清代第一任皇帝努爾哈赤、俄羅斯的伊凡四世、被稱為「世界之半」的伊朗城市伊斯法罕，以及擊敗西班牙艦隊的英國伊莉莎白一世等。像這樣瞭解世界各國之間的關聯，學習世界史頓時變成一件非常有趣的事。

知識的入口就在任何一個地方。而且，現在的日本是一個任何題材都能變成漫畫的時代，實在沒有理由不活用這些讀起來輕鬆有趣，同時還能增加知識的漫畫來幫助學習。

所以，以下就為各位介紹幾部可以快樂學習知識的漫畫。

16部值得推薦的漫畫

— 1 —

科學

蛇藏《切勿模仿》(決してマネしないでください)

一套可以在趣味中學習基本科學知識的成人知識學習漫畫。全套共三冊，內容完整豐富。以充滿只有理工人才聽得懂的理工笑話的大學實驗室為背景，描寫主角試圖接近心儀女性的過程。其中不時穿插許多科學史上瘋狂科學家不為人知的故事，例如「氧氣的發現」或「細菌的發現」等。每一篇甚至還會融通各種有趣的科學實驗，例如「用液態氮做冰淇淋」等。內容淺顯易懂，且能獲得知識，是一部值得一再閱讀的漫畫。

—2—

科學

たら子(原著：蛇藏、鈴木ツタ)
《天地創造設計部》(天地創造デザイン部)

進化論為人類解開了生物如今樣貌的演變。在隨機發生的演化過程中，只有具備適應環境特性(例如長頸鹿要有長脖子)的個體才得以生存。而這套漫畫就是透過天界會議的擬人化方式來説明演化的過程。在公司會議的討論下提出「好吃又方便的生物」、「具備厲害武器的動物」等各種生物發想，然後藉著設計師和工程師之手加以實現或退回申請，內容十分有趣。

加值推薦！

長谷川真理子
《生物的四個
「為什麼」》
(生き物をめぐる
4つの「なぜ」)

—3—

科學

清水茜《工作細胞》（はたらく細胞）

一部將人體細胞擬人化的漫畫，包括將氧氣運送至全身的紅血球、冷靜抵抗入侵異物的白血球、受傷時負責止住傷口的血小板等。透過精美的繪圖和可愛的主角，可以輕鬆學習到不同細胞為維持身體健康發揮的各自作用。例如當病菌入侵人體時，身體會有何反應；花粉症、中暑和感冒等會在人體引發何種反應和症狀等。

—4—

科學

石川雅之《農大菌物語》（もやしもん）

一部以「菌」為題材的漫畫。肉眼看不見的菌類在世界上無所不在，可以使東西腐壞、使人生病，也能拿來製作發酵食物，是人類生活中不可或缺的存在。漫畫中的主角具有可以看見菌類的特殊能力，因此各種菌類都成了圓滾滾的可愛模樣。透過擬人化的造型，可以輕鬆學習到關於菌類的知識。內容中以農業大學為舞台而聚集的眾多個性怪異的人，一起度過荒唐吵鬧的日子，或是藉由發酵製作美味食物的橋段，也十分有趣。

加值推薦！

荒川弘《銀之匙》（銀の匙）

—5—

科學

遠藤浩輝《軟金屬吸血鬼》(ソフトメタルヴァンパイア)

一部描述氧使者、碳使者等各種元素使者之間戰爭的格鬥漫畫。內容透過各種元素之間的戰鬥,例如碳使者可以自由操控以碳氫化合物為主要成分的柏油等,使讀者熟記每一個化學元素符號。戰鬥的說明中充滿包括「莫耳質量」、「過渡金屬」、「氫脆」等專用詞彙,非常有趣。在元素週期表中,直列的元素屬於性質相近,稱為「族」。因此在故事中,元素使者也能操控同族的元素。整部漫畫的焦點則是集中在可以操控銅族(銅、銀、金)的能力使者上……

—6—

科學

稻垣理一郎、Boichi《Dr. STONE 新石紀》
(Dr. STONE)

某一天,全世界的人突然全變成了石頭。各國文明隨之毀滅,地球上只剩下動物和植物。數千年後,自石化中甦醒的兩位高中生主角,決定運用自己既有的知識能力重現文明。他們利用貝殼製作碳酸鈣(石灰。可以撒在田裡做成砂漿或做成肥皂),以玻璃做成鏡片,以鐵礦製鐵做成磁鐵,再用來製作發電機等。內容將各種科學知識結合原始世界生存,非常有趣。

—7—

歷史

山田芳裕《戰國鬼才傳》（へうげもの）

以歷史為題材的漫畫非常多，絕大多數都是以日本戰國到幕末時代為背景。在這麼多戰國時代的漫畫中，之所以推薦這部作品，是因為其中蘊藏著十分強烈的文化元素。主角為茶人武將古田織部。故事中人物在劇變的時代潮流中，各自追求自我美意識的描寫，十分引人入勝。內容中還出現許多包括千利休等當時的文化名人，以及茶器、襖繪（屏障畫）等國寶級美術品，可增加日後參觀美術館的樂趣。

—8—

歷史

平野耕太《漂流武士》（ドリフターズ）

比起抽象的事物，人的大腦更容易記住具備面貌和感情的人物，也就是「角色」。因此面對學習也是一樣，透過角色印象來記憶是最好的方法。這部漫畫集結了古今東西許多知名人物，包括島津豐久、織田信長、那須與一、源義經、安倍晴明、漢尼拔、聖女貞德、土方歲三、安娜塔西亞等，將其分為對立的兩方進行戰鬥，內容十分龐大。對於透過角色學習歷史來說是最適合的一部作品。

—9—

歷史

佐佐大河《博兒的東瀛紀行》(ふしぎの国のバード)

所謂的民俗學，指的是針對一塊土地的居民所擁有的生活樣貌進行研究的一門學問。在學習歷史時，除了戰爭和革命等巨大變動之外，瞭解當時人們的食衣住行等樣貌，同樣非常有趣。這部漫畫描寫的是明治時代的旅日探險家伊莎貝拉·博德的故事。當時的日本剛畫下江戶時代的句點，對來自已開發國家大英帝國的博德來說，還是個尚未開化的蠻荒之地。對日本人來說，外國人的眼中看到的異國日本，是很新奇的一種觀點。

加值推薦！

宮本常一《被遺忘的日本人》(忘れられた日本人)

—10—

藝術

細野不二彥《真實之眼》(ギャラリーフェイク)

原本在紐約大都會藝術博物館中被譽為「教授」、擁有絕佳能力的前策展人藤田玲司，現在是一家專賣贗品的詭異藝廊的老闆。內容就描寫藤田穿梭於世界各地，一一解決各種與美術品相關問題的故事。劇情安排為一話完結型，讀起來非常快速，每讀一篇就能增加一點藝術相關知識，十分推薦。我在藝術方面的知識幾乎全部來自於這部漫畫，而關於飲食的知識絕大多數則是來自《美味大挑戰》(美味しんぼ，雁屋哲、花咲昭著)。

—11—

文學

清家雪子《無以吠月》（月に吠えらんねえ）

《吠月》（月に吠える）是大正時代的活躍詩人萩原朔太郎的代表詩集。而這部漫畫雖然以朔太郎為主角，卻是一部虛構作品，內容描寫近代（大約為明治、大正、昭和初期）詩人、歌人、俳人等混雜聚居的詩歌句街（通稱□街）等虛構街坊的故事。引用了許多實際的詩歌，非常精采。除此之外也包含近代、日本、戰爭等嚴肅的話題，相當值得一看。

—12—

文學

關川夏央、谷口治郎《少爺的時代》（『坊っちゃん』の時代）

以明治時代為舞台，描寫眾文學家和知識份子生存之道的漫畫。全套五冊，第一部主角為夏目漱石，第二部為森鷗外，第三部為石川啄木，第四部為幸德秋水，第五部又再度以夏目漱石為主角來描寫。在社會上擁有名聲與地位的文學家們，事實上也只是再平凡不過的普通人。例如夏目漱石是個神經質又容易鬧胃痛的大叔，而石川啄木則是個負債累累又愛好女色的人。讀起來非常有親切感。以《孤獨的美食家》（孤独のグルメ）聞名的谷口治郎的繪圖也十分精采。

—13—

學習

施川由紀《伯納德小姐說》（バーナード孃曰く）

少見以學習為題材的漫畫，相當有趣。主角町田佐和子嚮往成為一個愛看書的人，不過事實上，她卻是個不喜歡看書的高中生，最常問的問題就是「有沒有什麼書不用看就能假裝已經看過」。在她身邊圍繞著許多不同類型的書蟲，內容充滿各種與書相關的智慧和小話題。每一篇都會介紹很多不同類型的書籍，可以將本部作品當成入門，進一步去接觸自己有興趣的書。

—14—

法律

東風孝廣（原著田島隆）《正義代書戰士》（カバチタレ！）

以廣島行政書士為主角的漫畫。一般人可能無法馬上聯想到行政書士的工作，事實上，這是一個為民眾提供各種法律相關手續和資料安排的職業，包括遺產繼承、離婚、借貸、營業許可、索討未付薪資等。透過這部漫畫，可以更加瞭解（可能）與自己生活相關的各種法律問題。另外，這部漫畫的靈感來源《浪花金融道》（ナニワ金融道），同樣能讓人學到許多關係金錢可怕一面的知識，值得推薦。

加值推薦！

青木雄二
《浪花金融道》
（ナニワ金融道）

—15—

考試準備

三田紀房《東大特訓班》（ドラゴン桜）

三田紀房《東大特訓班》（ドラゴン桜）
一部以大學聯考為題材的漫畫。內容提到非常多考試的應對技巧。這部漫畫的優點在於，它將考試準備這種無趣的主題，透過娛樂性質的漫畫來表現，讓人在閱讀的過程中自然而然地不再排斥念書。同作者的作品另外還有針對就業和換工作等內容的《轉職必勝班》（エンゼルバンク）、針對創業和經營的《金錢之拳》（マネーの拳），以及針對金錢和投資的《投資者Z》（インベスターZ）等，每一部都能透過內容輕鬆學習知識，相當推薦。

—16—

商管

Franklin Covey Japan 審定《漫畫圖解高效能人士的七個習慣》（まんがでわかる７つの習慣）

自我啟發類書籍的代表作品《與成功有約》（７つの習慣）的漫畫版。所謂自我啟發類的書籍，主要是探討「如何更積極有效完成工作」，坊間相關作品非常多，但內容大同小異，因此只要閱讀其中的代表作品即可。這部漫畫非常淺顯易懂，重點清楚，看過之後就算不讀原作《與成功有約》也無妨。如果所有文字書都能像這樣漫畫化，該有多好。

結語

我從小就一直覺得自己不想工作，即使大學畢業後投入職場，最後還是無法適應上班族的生活，在二十八歲時辭掉工作。從那之後，我就一直沒有固定的工作，過著遊手好閒的日子。

因為這樣，我經常在書中或部落格告訴大家，「人不是只有為工作而活」、「就算辭掉工作，人生還有很多條路可以選擇」、「覺得痛苦就逃開沒關係」。不過，對此偶爾還是會有讀者提出反駁：

「那些只有像你一樣有能力的人才做得到，我辦不到。」

或許真的是這樣。

我可能真的有什麼能力吧。

寫這本書，是因為我想將自己的所知分享給更多人，讓愈來愈多人可以用像我一樣的方式，在這個世界上立足。

我的能力並沒有經過特別的努力才學會，只是因為受惠於天生條件、成長環境和周遭人事等各種環境和條件的影響，所以才偶然學會。

我並沒有特別厲害。這種事只是偶然。

正因為是偶然獲得的東西，所以我覺得不能自己獨佔，最好分享給更多人。

因為，知識會使人自由。而且，知識應當是全人類共有，而非個人所有。

關於本書的出版，我要感謝大和書房種岡健先生的大力協助。我那雜亂無章的稿子可以整理得如此淺顯易懂，全都是種岡先生的功勞。謝謝您。

最後，我希望閱讀本書的人，都可以獲得許多知識和智慧。

pha

超效率學習法/pha作；賴郁婷譯. -- 初版. -- 臺北市：春天出版國際文化有限公司, 2020.12
面；　公分. -- (Progress；9)
譯自：人生にゆとりを生み出す 知の整理術
ISBN 978-957-741-306-2(平裝)

1.學習方法

521.1　　109017256

超效率學習法 日本京大高材生的知識整理術

人生にゆとりを生み出す 知の整理術

Progress 09

作　　者◎pha
譯　　者◎賴郁婷
總 編 輯◎莊宜勳
主　　編◎鍾靈
出 版 者◎春天出版國際文化有限公司
地　　址◎台北市大安區忠孝東路四段303號4樓之1
電　　話◎02-7733-4070
傳　　真◎02-7733-4069
E－mail◎frank.spring@msa.hinet.net
網　　址◎http://www.bookspring.com.tw
部 落 格◎http://blog.pixnet.net/bookspring
郵政帳號◎19705538
戶　　名◎春天出版國際文化有限公司
法律顧問◎蕭顯忠律師事務所
出版日期◎二〇二〇年十二月初版
二〇二一年五月初版二刷
定　　價

總　　經　　銷◎楨德圖書事業有限公司
地　　址◎新北市新店區中興路二段196號8樓
電　　話◎02-8919-3186
傳　　真◎02-8914-5524
香港總代理◎一代匯集
地　　址◎九龍旺角塘尾道64號 龍駒企業大廈10 B&D室
電　　話◎852-2783-8102
傳　　真◎852-2396-0050

ISBN 978-957-741-306-2